ACONTECIMENTO E LINGUAGEM

Ensaios de psicanálise e complexidade

Coleção Clínica Psicanalítica
Títulos publicados

1. **Perversão**
   Flávio Carvalho Ferraz
2. **Psicossomática**
   Rubens Marcelo Volich
3. **Emergências Psiquiátricas**
   Alexandra Sterian
4. **Borderline**
   Mauro Hegenberg
5. **Depressão**
   Daniel Delouya
6. **Paranoia**
   Renata Udler Cromberg
7. **Psicopatia**
   Sidney Kiyoshi Shine
8. **Problemáticas da Identidade Sexual**
   José Carlos Garcia
9. **Anomia**
   Marilucia Melo Meireles
10. **Distúrbios do Sono**
    Nayra Cesaro Penha Ganhito
11. **Neurose Traumática**
    Myriam Uchitel
12. **Autismo**
    Ana Elizabeth Cavalcanti
    Paulina Schmidtbauer Rocha
13. **Esquizofrenia**
    Alexandra Sterian
14. **Morte**
    Maria Elisa Pessoa Labaki
15. **Cena Incestuosa**
    Renata Udler Cromberg
16. **Fobia**
    Aline Camargo Gurfinkel
17. **Estresse**
    Maria Auxiliadora de A. C. Arantes
    Maria José Femenias Vieira
18. **Normopatia**
    Flávio Carvalho Ferraz
19. **Hipocondria**
    Rubens Marcelo Volich
20. **Epistemopatia**
    Daniel Delouya
21. **Tatuagem e Marcas Corporais**
    Ana Costa
22. **Corpo**
    Maria Helena Fernandes
23. **Adoção**
    Gina Khafif Levinzon
24. **Transtornos da Excreção**
    Marcia Porto Ferreira
25. **Psicoterapia Breve**
    Mauro Hegenberg
26. **Infertilidade e Reprodução Assistida**
    Marina Ribeiro
27. **Histeria**
    Silvia Leonor Alonso
    Mario Pablo Fuks
28. **Ressentimento**
    Maria Rita Kehl
29. **Demências**
    Delia Catullo Goldfarb
30. **Violência**
    Maria Laurinda Ribeiro de Souza
31. **Clínica da Exclusão**
    Maria Cristina Poli
32. **Disfunções Sexuais**
    Cassandra Pereira França
33. **Tempo e Ato na Perversão**
    Flávio Carvalho Ferraz
34. **Transtornos Alimentares**
    Maria Helena Fernandes

35. **Psicoterapia de Casal**
Purificacion Barcia Gomes
Ieda Porchat

36. **Consultas Terapêuticas**
Maria Ivone Accioly Lins

37. **Neurose Obsessiva**
Rubia Delorenzo

38. **Adolescência**
Tiago Corbisier Matheus

39. **Complexo de Édipo**
Nora B. Susmanscky de Miguelez

40. **Trama do Olhar**
Edilene Freire de Queiroz

41. **Desafios para a Técnica Psicanalítica**
José Carlos Garcia

42. **Linguagens e Pensamento**
Nelson da Silva Junior

43. **Término de Análise**
Yeda Alcide Saigh

44. **Problemas de Linguagem**
Maria Laura Wey Märtz

45. **Desamparo**
Lucianne Sant'Anna de Menezes

46. **Transexualidades**
Paulo Roberto Ceccarelli

47. **Narcisismo e Vínculos**
Lucía Barbero Fuks

48. **Psicanálise da Família**
Belinda Mandelbaum

49. **Clínica do Trabalho**
Soraya Rodrigues Martins

50. **Transtornos de Pânico**
Luciana Oliveira dos Santos

51. **Escritos Metapsicológicos e Clínicos**
Ana Maria Sigal

52. **Famílias Monoparentais**
Lisette Weissmann

53. **Neurose e Não Neurose**
Marion Minerbo

54. **Amor e Fidelidade**
Gisela Haddad

55. **Acontecimento e Linguagem**
Alcimar Alves de Souza Lima

56. **Imitação**
Paulo de Carvalho Ribeiro

57. **O tempo, a escuta, o feminino**
Silvia Leonor Alonso

58. **Crise Pseudoepiléptica**
Berta Hoffmann Azevedo

59. **Violência e Masculinidade**
Susana Muszkat

60. **Entrevistas Preliminares em Psicanálise**
Fernando José Barbosa Rocha

61. **Ensaios Psicanalíticos**
Flávio Carvalho Ferraz

62. **Adicções**
Decio Gurfinkel

63. **Incestualidade**
Sonia Thorstensen

64. **Saúde do Trabalhador**
Carla Júlia Segre Faiman

65. **Transferência e Contratransferência**
Marion Minerbo

66. **Idealcoolismo**
Antonio Alves Xavier
Emir Tomazelli

67. **Tortura**
Maria Auxiliadora de Almeida
Cunha Arantes

68. **Ecos da Clínica**
Isabel Mainetti de Vilutis

69. **Pós-Análise**
Yeda Alcide Saigh

70. **Clínica do Continente**
Beatriz Chacur Mano

Coleção Clínica Psicanalítica
Dirigida por Flávio Carvalho Ferraz

ACONTECIMENTO E LINGUAGEM

Ensaios de psicanálise e complexidade

Alcimar Alves de Souza Lima

Casa do Psicólogo®
uma empresa PEARSON

1ª Edição *2010*

2ª Edição Ampliada *2014*

Editor *Ingo Bernd Güntert*

Gerente Editorial *Fabio Alves Melo*

Coordenadora Editorial *Marcela Roncalli*

Assistente Editorial *Cíntia de Paula*

Revisão *Maria Aparecida Viana Schtine Pereira e Paula Passarelli*

Diagramação *Felipe Meyer*

Capa *Yvoty Macambira*

Dados Internacionais de Catalogação na Publicação (CIP)
Angélica Ilacqua CRB-8/7057

Lima, Alcimar Alves de Souza
Acontecimento e linguagem : ensaios de psicanálise e complexidade / Alcimar Alves de Souza Lima. – 2. ed. - São Paulo : Casa do Psicólogo, 2014. - (Coleção clínica psicanalítica / dirigida por Flávio Carvalho Ferraz).

Bibliografia
2ª edição ampliada
ISBN 978-85-8040-453-1

1. Complexidade (Filosofia) 2. Psicanálise 3. Psicanálise – Linguagem I. Ferraz, Flávio Carvalho. II. Título. III. Série.

14-0131 CDD 150.195

Índices para catálogo sistemático:
1. Complexidade e psicanálise : ensaios : teorias : psicologia

Impresso no Brasil
Printed in Brazil

Casapsi Livraria e Editora Ltda.
Avenida Francisco Matarazzo, 1500 - Conjunto 51
Edifício New York - Centro Empresarial Água Branca
Barra Funda - São Paulo/SP - CEP 05001-100
Tel. Fax: (11) 3672-1240
www.casadopsicologo.com.br

Sumário

Agradecimentos

A Flávio Carvalho Ferraz, pela ideia da publicação de ensaios já publicados que acabaram por gerar um outro livro.

A Eliana Pereira Leite, Neuza Mazzeo, Beatriz Moraes, Gicélia Prianti, Cristina Cortezzi pelas conversas de muitos anos.

A Darcy Haddad Daccache e Leda Codeço Baroni pelo convívio produtivo e pela organização do grupo Psicanálise e Cultura que há anos realizamos.

A Zélia Temin, Malvina Trajber e Maria Alípia Sales Guimarães, sempre entusiasmadas com esses desenvolvimentos.

A Ana Maria Sigal, minha primeira supervisora nos trabalhos clínicos.

A Flávio Dendal Rosa, pelas conversas sobre as dimensões do corpo.

A Lílian Fogaça, Francisca Lutz e Lígia Ananias Cardozo, que sempre se interessaram por essas questões.

A Myriam Uchitel, cujas ideias sintonizam muito com as minhas.

A Renata Udler Cromberg, pelas constantes trocas de ideias.

A Geisa de Oliveira, pela dedicação.

A Priscila Voigt Stumpf, pelo desempenho gráfico.

A Áurea Rampazzo, pela leitura atenta.

A Edgar Morin, que, com simpatia, acolheu o tema *Psicanálise e complexidade*.

À memória de Maria Nilde Mascellani, professora pioneira que, já nos anos de 1960, trouxe a experiência da transdisciplinaridade para a rede pública, o que significou um grande avanço.

Aos analisantes e supervisionandos, mola mestra de toda essa pesquisa.

Prefácio

Meu encontro com Alcimar Lima deu-se em três momentos privilegiados da vida e de nossa formação de pensamento e de ofício. Tive o privilégio de acompanhar a emergência de sua posição ética tanto na vida e na clínica psicanalítica e psiquiátrica, como na reflexão teórica que ela suscitou de maneira simultânea e imanente.

O primeiro momento foi quando cursamos o antigo curso ginasial e secundário, imersos o dia inteiro numa experiência educacional revolucionária que foram os ginásios vocacionais estaduais, numa época em que nossa educação pública primava por sua excelência. Já ali, nossa formação de pensamento surgia de uma práxis que buscava integrar todos os saberes no estudo de um tema comum, que crescentemente procurava abranger as principais problemáticas, primeiro na família, depois no bairro, daí na cidade, depois no estado, então, no país, depois na América Latina e, finalmente, no mundo. Experiência que buscava a constituição de uma autonomia de pensamento, de uma consciência crítica e que, de saída, postulava tanto uma interpenetração dos saberes específicos – no que atualmente conhecemos como transdisciplinaridade – como uma prática inerente à teoria, de forma que mesmo respeitando as singularidades no que elas se diferenciavam entre maior habilidade teórica ou prática, não privilegiava uma ou outra. Além disso, postulava que qualquer autonomia singular é constituída e se constitui em um grupo, de onde o valor do trabalho grupal.

O segundo momento foi no Curso de Psicanálise do Instituto Sedes Sapientiae, local onde depois ajudaríamos a fundar o Departamento de Psicanálise. Ali, fui sua aluna numa estreia corajosa em que substituiu, por motivo de saúde, Regina Schnaiderman que, pioneira, havia aglutinado os psicanalistas que fundaram o curso. Alguns anos depois, no meu segundo ano como professora no mesmo curso, ao darmos seminário sobre teoria das pulsões a turmas diferentes, em 1989, pude acompanhar e participar ativamente na emergência de seu pensamento singular sobre este tema que resultou na elaboração de seu primeiro livro *Pulsões – Uma orquestração psicanalítica no compasso entre o corpo e o objeto*, em colaboração com três então alunas, Cleusa Pavan, Suzana Pacheco e Marta S. Palhares, o que por si fez seu curso ser um fervilhante caldo de produção do novo, característica que permaneceria em toda a sua carreira como formador em Psicanálise, novamente valorizando a emergência de uma reflexão autônoma e singular no trabalho grupal.

O terceiro momento, recente, é nossa convivência num mesmo espaço de trabalho clínico em São Paulo, que ele divide com sua clínica em São José dos Campos, cidade na qual reside. Este espaço, por iniciativa conjunta de Alcimar Lima, Leda Barone e Darcy Daccache, vem se tornando um lugar de reflexão contínua da Psicanálise em suas relações com outros saberes e com a produção cultural, através do convite a encontros de grupo para conversar sobre a produção singular de colegas e de outros profissionais. Mas é aí também que tenho podido, num trabalho conjunto com ele, usufruir da percepção das características singulares da atuação clínica de Alcimar, em que sua ética como psiquiatra de formação psicanalítica permite uma escuta psicanalítica na interferência medicamentosa que não interfere nas análises de seus clientes, e sua ética como psicanalista de formação psiquiátrica permite uma abordagem a seus analisantes que não esquece a inserção e a interpenetração da Psicanálise com os campos da psiquiatria e da psicopatologia.

Há também encontro entre nós na valorização que ambos fazemos da inclusão do corpo como substrato de todo pensamento, corpo que é usina de sensações e afecções formadoras de intensidades, manifestação direta da vida, o que se consolidou pelas práticas corporais que desenvolvemos por toda vida, a dança e Pilates para mim e a corrida para ele. Corpo imerso na família, na cultura, sendo atravessado por intensidades que vêm das mais variadas direções e que nele se alojam também de tal maneira que, se existe singularidade, ela é sempre composta através do outro.

Toda reflexão teórica de Alcimar nasceu para propiciar uma prática clínica nos mais diferentes espaços: na prisão, nos serviços de atendimento de saúde pública, no hospital e não apenas no consultório. Ora, para valorar o que vivenciava, a teoria e a técnica psicanalítica, psiquiátrica e psicopatológica que conhecia pareciam não ser suficientes. Como ouvir apenas o mundo fantasmático de uma paciente grave no hospital se a fala de sua mãe parecia atravessar e fertilizar o pensamento e as próprias vivências pessoais da filha, como ele nos conta no caso de Sílvia, no capítulo 2? Como abordar na prisão o rapaz que matou seus pais numa escuta que não fosse moral e normativa e que pudesse se perguntar pela ausência ou não de sofrimento e pela complexidade das causas? Como entender novas configurações de sofrimento que o mundo contemporâneo da velocidade midiática e internética vêm trazendo e que o mundo simbólico e representacional habituais parecem não acompanhar e incidem numa prevalência de severas manifestações corporais e de patologias da ação, muitas vezes de efeitos violentos?

Era preciso buscar novos recursos teóricos, alicerçando uma formação psicanalítica de forte influência freudiana e lacaniana. Uma verdadeira análise do saber já adquirido, nas palavras que, recentemente, escutei Jean Oury dizer, o que é, na verdade, um dos pilares éticos tanto de Freud como de Lacan, seus mestres e inspiradores perenes: guiar-se pela observação e pela experiência clínica na transmutação e na invenção permanente dos conceitos.

Assim, do pensamento freudiano, Alcimar buscou, primeiro como alicerce, exatamente esse momento de reviravolta, esse *turning point*, que é o texto *Mais além do princípio do prazer*, de 1920, texto em que retoma, nove anos depois, a inspiração visionária de Sabina Spielrein, entre outros psicanalistas, para propor novamente, à sua maneira, o conceito de pulsão de morte e de compulsão à repetição, o que permitiu a Freud uma abertura para o plano do que jazia para além do mundo representacional, simbólico e ligado ao reino da palavra no plano da repetição sintomática do princípio do prazer. Isso transtornou, mudando de lugar, tudo o que ele concebia, até então, como a constituição do aparelho psíquico. Um segundo alicerce freudiano que ele buscou foi o conceito de séries complementares, formulado especialmente em 1915 por Freud, o qual nunca abandonou: qualquer vivência psíquica subjetiva é constituída e multideterminada pelas marcas de vivências ancestrais, pelas vivências infantis e pelas atuais e em relação a um outro. Só que em articulação à teoria das pulsões transformada pela introdução da pulsão de morte, isso agora está relacionado também ao nível pré-representacional, ao nível da economia das intensidades, portanto, reformulando o que até então era psíquico.

Do pensamento lacaniano, Alcimar buscou como alicerce o conceito de Real, diferente do de realidade material e simbólica, lugar das intensidades que atravessam os corpos, vindas de seus processos físico-químico-biológicos que emanam energia, mas diferentes deles. Aqui, interessa mais ao autor a ligação do Real com o Virtual, campo que se faz nascente das intensidades que compõem as pulsões, do que a distinção criada por Lacan entre os campos do Real, Imaginário e Simbólico, embora estes lhe sejam também conceitos úteis. Outro alicerce lacaniano que Alcimar incorpora é a concepção de um campo transferencial constituído por uma transferência recíproca entre analisante e analista, que se faz solo virtual do acontecer de qualquer cura, seja isso onde se dê, no consultório ou em outras instituições, o que amplia o conceito lacaniano para abarcar as transferências recíprocas múltiplas com familiares e outros profissionais que possam estar envolvidos. O que faz o conceito de transferência recíproca, no uso que lhe dá o autor, aproximar-se do conceito de implicação, vindo do campo da psicoterapia institucional, por incluir as afecções corporais e psíquicas do psicanalista como o lugar desses atravessamentos.

Mas e o conceito de *complexo de Édipo*, esse divisor de águas cuja aceitação faria alguém ser psicanalista ou não, segundo Freud? Para Alcimar, ele traduz uma realidade que Freud encontrou na cultura humana, muito mais do que uma realidade criada pelo conceito. Assim, é muito mais a ideia de um complexo no sentido da complexidade, no ajuntamento de vários vetores vindos de várias direções em direção a um nó associativo, inspiração junguiana encontrada nos testes de associação, que Freud tomou emprestada, que interessa a ele. O sentido que o autor dá ao complexo de Édipo é aquele de ponto de ambiguidade e reviravolta da constituição da subjetividade humana num mundo patriarcal já em decadência, e que por isso mesmo já não sustenta tudo o que acontece nela. É por isso que pode, ao mesmo tempo, levar em extrema consideração tanto as posições edípicas que transformam o ser humano que as atravessa em sujeito e definem sua posição sexual, como também o que ultrapassa qualquer possibilidade de organização identitária estanque, a fenda de abertura a intensidades permanentemente renováveis e que está mais além de qualquer fechamento sistemático, isto é, o feminino.

O mito freudiano do assassinato do pai da horda primitiva que funda a civilização humana tem seu valor como causa última do ciclo infernal de culpabilidade que assola o humano e explica a agressividade destrutiva que torna inelutável para o humano a sua condição de "matabilidade", seja no lugar de assassino, seja no lugar de assassinado, seja no lugar de suicida. Mas, para Alcimar, o que importa para agenciar o potencial destrutivo da pulsão de morte em potência criadora do novo é deslocarmos nosso olhar investigativo do valor do mito para o fato da morte do pai e não do seu assassinato. Porque, se não for assim, o complexo de Édipo viraria um labirinto de Édipo sem saída. O assassinato do pai é repetido na ontogênese em fantasia e pensamento como gerador de identidade. Mata-se o pai para ingerir e se apropriar de seu lugar e de suas qualidades. Mas então o Édipo se dissolve. Na inspiração freudiana, como nos lembrou recentemente Jacques André, a subjetividade humana é fruto não do complexo de Édipo, mas da dissolução do complexo de Édipo. Há vida pulsional para além do Édipo, que é basicamente uma formação psíquica infantil, embora revivida em outras épocas da vida, sobretudo em momentos de passagem simbólica. As intensidades podem ser vividas em um corpo cujos fluxos autoeróticos correm desimpedidos, agenciando novos encontros criativos com o outro, com o mundo da natureza e da cultura. Na bifurcação de caminhos que o mundo pulsional nos traz, o autor procura pensar um supereu resultado da dissolução do complexo de Édipo que é propiciador de potência geradora de formas de vida expressas na dança, no jogo e no riso e não apenas um supereu resultado do assassinato do pai que é propiciador da culpabilidade, do castigo e do sofrimento inelutáveis, gerador das expressões de morte que são o ascetismo, o niilismo e o ressentimento. Ora, aqui então chegamos à sua ideia nodal: a subjetividade não mais pensada apenas em termos de identidade fixa e estanque, um eu que exerce as ações específicas de estar no mundo segundo simbolizações fechadas preexistentes, mas pensada também e, sobretudo, como *auto-organização* permanente, em articulações que permitem a circulação dos fluxos pulsionais. Um eu poroso, aglutinação e não estátua, que exerce as ações específicas de estar no mundo de forma criativa segundo simbolizações inesperadas e abertas.

É em direção a tal abertura de caminhos que o autor convoca outros saberes e outros autores, novos mestres inspiradores, tirando-os da querela dos seus lugares de origem, para se constituírem novos alicerces de seu pensamento. Assim, o pensamento de Gilles Deleuze em sua leitura de filósofos como Hume, Leibniz, Espinosa, Bergson, pode sair do lugar de antifilosofia da representação, anti-Édipo entre outros, esse *anti* tendo sido resposta às políticas institucionais dos anos de 1960-70 na França. Dele, Alcimar agencia suas originais conceitualizações como *acontecimento*, *corpo sem órgãos*, *intensidade*, *dobra*, *fluxo*, *caos*, *sentido*, *virtual*, *diferença* e *acaso*. De Edgar Morin, as teorias da *complexidade*, de *sistemas em aberto*, de *acaso* e de *auto-organização*. De Mandelbrot, os conceitos de *fractal* e de *bifurcações*. De Ilya Prigogine e Isabel Stengers, a experimentação científica que corrobora as noções de *caos*, *bifurcação*, *organização na instabilidade*, no *desvio*, na *dissipação energética*, *estruturas dissipativas* e *paradoxo do tempo*. De Schrödinger, o conceito de *vida como autoprodução*.

Temos, portanto, como resultado, um pensamento e uma prática que privilegiam a singularidade, a complexidade das causas e o paradoxo, o movimento, a compulsão à repetição, a intensidade, compondo um sistema aberto, no lugar de privilegiar a identidade, a lei causal simples, única, finalista e linear, o privilégio da representação, a estática, a repetição, a energia que compõe um sistema fechado.

Para terminar, gostaria de assinalar uma renovação proposta por Alcimar Lima com o conceito de auto-organização. Ele poderia muito bem dar esse nome ao livro. Embora "organização" pareça ter um ranço de psicologia organizacional, ligada ao mundo empresarial, surpreendentemente é o termo que Freud utiliza como sinônimo de aparelho psíquico, como aparece, por exemplo, no último parágrafo de "O futuro de uma ilusão": "nossa organização, quer dizer, nosso aparelho psíquico". Aí Freud vai dizer que ela sofre a influência do mesmo mundo externo para o qual se desenvolveu para explorar. Organização vem do latim *organon*, nome do primeiro conjunto de escritos lógicos de Aristóteles, nitidamente relacionado à articulação de um corpo, de saberes, de órgãos num corpo vivo. É o modo pelo qual as partes que compõem um ser vivo estão dispostas para cumprir certas funções. Da física à política, o conceito remete a funcionamento articulado. Podemos fazer um paralelo entre a originalidade de Alcimar na criação e na ênfase na auto-organização e a criação do termo autismo por Eugene Bleuler, em 1910, como uma corruptela de autoerotismo, em que justamente Eros é retirado. A auto-organização é uma forma complexa de recolocar o aparelho psíquico e libertar o eu de suas prisões identitárias. Um eu que se auto-organiza a partir dos seus próprios constituintes em rede. Auto-organização é uma forma de suplantar a oposição entre fragmentação autoerótica ou isolamento autístico dessexualizado, para se abrir para as conexões complexas dentro e fora do psiquismo e neste gesto de abertura constante permitir o acontecimento enquanto ligação entre dentro e fora, entre eu e outro de tal forma que essas oposições somem e criam uma nova ordem, nova auto-organização. Contra o enrijecimento paranoico do eu ou a sua dissolução esquizofrênica, um eu poroso em constantes reorganizações.

Renata Udler Cromberg

APRESENTAÇÃO

O objetivo da publicação deste conjunto de ensaios é mostrar como no decorrer de mais de duas décadas venho pensando o processo de subjetivação da pós-modernidade, em busca de um novo paradigma. Nesse tempo todo, venho trabalhando a conexão da Psicanálise com as teorias da complexidade. A transdisciplinaridade foi meu referencial de ancoragem, tanto dos conceitos psicanalíticos como daqueles advindos dos novos modos de conhecimento. A clínica psicanalítica sempre foi o ponto de referência para fazer minhas elaborações conceituais.

Na contemporaneidade, a aceleração do tempo – desencadeada pela revolução nas comunicações, pela criação da internet e pelo papel preponderante da mídia – traz a sensação de um excesso que ultrapassa as possibilidades de apreensão do homem através de um aparelho psíquico concebido para funcionar apenas num universo representacional. A sensação é de que a vida é difícil de ser apreendida e representada e, portanto, de ser simbolizada. Mas esse excesso é o que move a criação, aquilo que se expressa como modo de subjetivação da vida, ou seja, a maneira singular como falamos, sentimos e agimos artisticamente. Esse resto que não pode ser apreendido exige uma transformação na concepção do aparelho psíquico:

não mais apenas um teatro representacional, mas uma usina processadora de um excesso que evidencia a matéria-prima da intensidade, anterior a qualquer representação.

Freud (1990c, p. 70) diz:

> Em primeiro lugar, nossa organização, isto é, nosso aparelho psíquico, desenvolveu-se precisamente no esforço de explorar o mundo externo e portanto teria de ser concebido em sua estrutura um certo grau de utilitarismo; e em segundo lugar, ela própria é parte constituinte do mundo que nos dispomos a investigar e admite prontamente tal investigação; em terceiro, a tarefa da ciência ficará plenamente abrangida se a limitarmos a demonstrar como o mundo nos deve aparecer em consequência do caráter específico de nossa organização; em quarto, as descobertas supremas da ciência, precisamente por causa do modo pelo qual foram alcançadas, são determinadas, não apenas por nossa organização, mas pelas coisas que influenciaram essa organização; finalmente, o problema da natureza do mundo sem levar em conta nosso aparelho psíquico perceptivo, não passa de uma abstração vazia despida de interesse prático.

Vários desses ensaios foram escritos ao longo de anos e publicados em revistas especializadas. Portanto, de certa forma, podem ser lidos independentemente uns dos outros. Porém, ao relê-los, tive a necessidade de produzir outros ensaios e modificar os já estavam escritos. Dessa forma, o conjunto desses ensaios produziu outros sentidos e significações e foi criado um novo que denominei *Acontecimento e Linguagem – Ensaios de Psicanálise e Complexidade*.

Afecções como o pânico, as psicossomáticas, os transtornos obsessivo-compulsivos, os casos *borderlines*, as psicopatias, as bipolaridades, as anorexias, as bulimias, os transtornos do sono, as questões de gênero e muitos outros aspectos clínicos que dia após dia aparecem em nosso consultório demandam outra orquestração do meu entendimento como psicanalista. Procuro apreendê-las não mais como um conceito estanque e cristalizado de identidade, mas como um conceito de produção de singularidade, o que permite maior mobilidade nos movimentos de subjetivação.

A procura não é mais do idêntico, e sim de como através da relação com o outro nos singularizamos. Cada um de nós tem a própria impressão digital e por meio dela nos auto-organizamos nas redes do universo subjetivo e cultural. Entre ambos não há uma separação, e sim uma articulação de séries complementares através de redes. Nos dias de hoje, a imagem da rede expressa um fenômeno transcultural.

Mas é o conceito psicanalítico de pulsões o instrumento principal que sustenta a usina psíquica. Ele é um conceito arco (tal como expus em meu livro *Pulsões – Uma orquestração psicanalítica no compasso entre o corpo e o objeto*), um através, que circula entre o real do corpo e o objeto gerando intensidades, e, a partir dessas intensidades, o sujeito produz sua auto-organização, sempre levando em conta o outro e também sua ancestralidade, as vivências infantis e as vivências atuais. Esses são os pilares do conceito de séries complementares que exaustivamente trabalho em meus ensaios.

Não vivemos mais em um universo relojoeiro guiado pelo determinismo, de onde provinham ideias ptolomaicas (teoria geocêntrica) e copernicanas (teoria heliocêntrica) que insistiam na concepção de órbitas repetitivas em torno de um centro organizador. Nelas, leis eternas regiam esse movimento. No século XVIII e no início do século XIX essas ideias chegavam a seu ápice, embasando uma parte expressiva do pensamento iluminista. Nesse universo não havia lugar para o caos.

Atualmente vivemos em um mundo sem centro e sem previsão. Percebemos melhor que as tendências da vida são a composição e a decomposição de formas em perene movimento. Cabe a nós nos situarmos nesse turbilhão e isso, na contemporaneidade, se torna muito difícil. Consequentemente, novas formas de clínicas se manifestam.

Em meus seminários, sempre procurei reler Freud à luz de sua articulação com diversos saberes contemporâneos, por sua vez articulados entre si. Estou falando de articulações e não de fronteiras. A ideia de fronteira indica uma linha divisória e se referiria muito mais a uma interdisciplinaridade, e o que estou postulando como paradigma é a transdisciplinaridade. Nela, não há fronteiras, e sim articulações e desdobramentos. Nosso braço não tem uma fronteira com o nosso tronco e sim uma articulação. Isso quebra totalmente a ideia da linearidade (fronteiras) e cria todo um universo de pesquisas que consideram a multiplicidade das articulações em diversas direções. O que quero ressaltar é que o conceito de articulação está no âmago do que entendo sobre auto-organização. Isto, para pensar a produção do novo, considerando aspectos dialógicos: o sujeito se constitui de aspectos complementares e antagônicos, sempre atravessado por paradoxos. Não existe o sujeito linear, ele é sempre paradoxal. Somos sempre frutos de metabolizações, construímos e nos desconstruímos em simultaneidade.

Somos organizados e nos auto-organizamos através de um processo ininterrupto e recorrente, sempre dentro de sistemas abertos e não lineares. Vou recorrer às formas fractais para explicar os fenômenos de repetição e compulsão de repetição, tão necessários para compreendermos as auto-organizações, da mesma forma que a ideia de novo.

Os fractais, que no início eu abordava de uma forma ampla em minhas concepções, desdobraram-se de uma maneira bastante específica. Revendo conceitos embriológicos e atualizando-os, percebi que os primeiros desdobramentos de um embrião continham uma forma fractal específica. Assim sendo, nas primeiras manifestações da vida embrionária, essa figura já estava lá.

Espero que nesse conjunto de ensaios, possa trabalhar essa forma com clareza e integrá-la em minhas produções.

Assim, penso também a pulsão de morte em seus aspectos criativos. Ela é a pulsão das intensidades e faço claramente a diferenciação entre intensidade e energia. A intensidade pode ser pensada em outros campos diferentes dos da Física.

Os novos paradigmas do pensamento contemporâneo norteiam o meu trabalho e isso tem raízes em minhas próprias séries complementares. Desde a década de 1990, venho formulando a ideia de psiquismo como sistema aberto, de inconsciente como sistema aberto, de pulsional como sistema aberto.

O conceito de auto-organização que nomeia este conjunto de ensaios provém de meus contatos com Edgar Morin e sua obra. Após ler meu livro sobre as pulsões, convidou-me para participar do Congresso Interlatino do Pensamento Complexo, realizado no Rio de Janeiro, em 1998. Nesse congresso apresentei o ensaio "Psicanálise e complexidade, uma conexão possível", contido neste livro.

Num jantar, em São Paulo, com amigos psicanalistas acompanhado de Edgar Morin, fiz-lhe uma pergunta: "Você é analisado?" Ele respondeu: "Não. Eu fui à guerra. Isso me impactou bastante e pude pensar em como a guerra (intensidades) traz vicissitudes extremamente diferentes. Uns não voltam jamais. Outros saem despedaçados fisicamente, outros psiquicamente, e outros se tornam grandes pensadores, como no caso de Morin". Refiro-me a isto para mostrar como comecei a elaborar os sistemas abertos ligados à subjetividade também a partir das intensidades (caos) e não somente do universo simbólico representacional.

No texto "Pulsões e destinos de pulsões", Freud (1990n) já propunha a concepção de intensidades na expressão "força contínua", que ele usa para falar dos aspectos econômicos das pulsões. Desdobro essa ideia de intensidades e caos para trabalhar o pré-representacional, o representacional e o apresentacional na teoria psicanalítica.

Crio no ensaio "Sobre um novo mito primitivo" uma figura de linguagem que denomino desdobramento e a diferencio da metáfora e da metonímia. Essa figura é importante para pensarmos a memória e como sua expansão ocorre ao longo do tempo.

Trabalho também o conceito de transferência e suas relações com o tempo, uma aparição do pretérito no presente e como através desse conceito-ferramenta podemos trabalhar a clínica em movimento. A dimensão da transferência como criação ocupa um lugar importante nesses ensaios, pois neles a dimensão estética fica realçada.

Pensei os sistemas abertos através da ideia de *virtual* que pode atualizar formas, produzi-las e referenciá-las, criar marcas sempre móveis e articulá-las a subjetivações. Portanto, a base do meu pensamento sobre a clínica contemporânea é a articulação das teorias da complexidade com a Psicanálise.

Espero que, ao final da leitura destes ensaios, novas auto-organizações sejam possíveis em cada leitor.

Para

Águeda,
Thiago, Paulo e Rosa Maria,
impulsos de meus desdobramentos.

Tempos de trigos

Os trigos crescem no campo
Nesse entretempo vivi.
Os trigos crescem na memória
Nesse entretempo vivi.
No campo das memórias
Vivi um entretempo.
No campo de trigos
Colho meus tempos.

1.

UMA LEITURA DE "ALÉM DO PRINCÍPIO DO PRAZER"[1]

"A poesia é um jogo em que,
sob uma realidade
aparente, aparece uma
outra de repente".
Joan Brossa

Em "Além do princípio do prazer", de 1920, Freud (1990l) introduz algumas questões primordiais para a continuidade de sua construção da Psicanálise. Trata-se de um texto extremamente complexo; porém, não *complexo* no sentido das muitas dificuldades ali presentes e dos eventuais obstáculos que se encontram para elucidá-lo. O *complexo* a que me refiro diz respeito ao modo como entendemos, atualmente, a noção

[1] Texto originalmente publicado no livro *Freud*: Um ciclo de leituras, organizado por Silvia Leonor Alonso e Ana Maria Siqueira Leal. São Paulo: Escuta/Fapesp, 1997, pp. 249-260.

de *complexidade*. Dito de modo sucinto: é complexo o que não pode sintetizar-se em uma palavra organizadora, não se pode resumir a uma lei ou ideia simples.

Edgar Morin (1980a) diz: "Não se trata de retornar à ambição do pensamento simples, que era controlar e dominar o real. Trata-se de estudar um pensamento capaz de tratar o real, de dialogar e negociar com ele."

A complexidade aparece onde o pensamento simplificador não mais consegue operar. Nela também está presente a ordem e a clareza, a distinção e a precisão do conhecimento. O pensamento simplificador, por seu turno, desintegra a complexidade do real.

Freud é complexo quando se vale da biologia, da física (termodinâmica), da química, das artes, da mitologia, da história, da literatura, da filosofia e de outros domínios para ir gestando um novo solo para a Psicanálise. E cria sobre esse solo uma construção que não destrói suas construções anteriores; muito pelo contrário, o criado e as antigas criações estão sempre em trânsito, em movimento, em *desdobramentos*.

De modo um pouco mais preciso, diria que uma das questões fundamentais desse texto é o *trauma* (1990l).

A concepção de *trauma*, esboçada em 1890 (Freud, 1979), já havia sofrido diversas transformações, tendo sido, inclusive, totalmente negada na carta a Fliess de 1897, na qual Freud dizia que as histéricas mentiam (Freud, 1986). Nessa altura, dava-se a ideia de que tudo se passava no mundo fantasmático.

Duas décadas e pouco se passaram. "Além do princípio do prazer" é um texto de maturidade de Freud, e eis que, outra vez, o trauma aparece em primeiro plano, só que já deslocado da questão do *trauma sexual da infância*. Agora ele vem tratar das neuroses de guerra, das neuroses traumáticas e dos sonhos traumáticos (Freud, 1990l).

A Primeira Guerra acabara de terminar. Freud teve perdas e vivências muito difíceis nessa época; enfrentou diversas carências no sentido pessoal, familiar e social. "Além do princípio do prazer" foi escrito em Viena em um momento histórico em que o Império Austro-Húngaro acabara de desmoronar, novas organizações sociais começavam a se esboçar, a centralização política e econômica tomava uma dimensão diferente, quando vários Estados estavam tentando se organizar em uma nova direção social.

Concomitantemente, esse era o momento em que o comunismo histórico estava nascendo. E, a partir daí, nasceria a dualidade capitalismo/comunismo, que chegaria até 1989, com a queda do Muro de Berlim. Toda uma geração viveu praticamente imersa nesse universo psico-histórico e social.

Havia, portanto, um momento de ruptura de laços sociais quando a centralização imperial se quebrava. Isso corresponderia a uma direção molecular fragmentada e, concomitantemente, a um movimento de direção nascente do comunismo. Gostaria de ressaltar esse movimento em que, no plano social, verifica-se o início de um novo processo, uma desintegração e uma composição, ou seja, o nascimento de uma polaridade. E Freud, nesse momento, vai conceituar as pulsões de vida e as pulsões de morte, forjando um antagonismo que já se anunciava em sua obra desde o início da formulação das pulsões de autoconservação e das pulsões sexuais.

Nesse momento da produção freudiana, em que ele cria os conceitos de pulsões de vida e pulsões de morte, fica bem claro que ele não está criando um dualismo, pois essas pulsões só ganham existência no perene *movimento* que há entre elas, no metabolismo em que elas operam em simultaneidade.

Não existe nenhuma transcendência nesse conjunto pulsional proposto. Não existe nenhuma lei eterna sendo postulada. Não existe nenhuma ideia de essência em jogo. Existe, sim, uma dialógica em funcionamento considerando nesse operar tanto os antagonismos como as complementaridades do conjunto, e jamais excluindo os paradoxos que operam nesse jogo.

O texto "Além do princípio do prazer" (Freud, 1990l) nos dá pistas claras a esse respeito. O trauma, na visão de 1890, era claramente de origem sexual. Já na visão dos anos 1920 está articulado com a guerra, com os acidentes, com o que é vivido com grande intensidade, sendo algo que o psiquismo não pode elaborar, pois dele não tem o menor registro. Freud está falando, assim, de algo vivido com grande intensidade, sem nenhuma marca inconsciente que pudesse dar início a um processo de elaboração. Não falo da elaboração consciente, e, sim, da elaboração tal como concebida em *A interpretação dos sonhos*, de 1900, trabalho no qual já estariam contidas as concepções de condensação, deslocamento, possibilidade de figurabilidade e elaboração secundária (Freud, 1990j).

Nesse texto, Freud diz que o trauma surpreende o sujeito. Seu momento é vivido de forma muito intensa, e o sujeito não tem possibilidade de integrá-lo em seus sistemas psíquicos. O que ocorre então? Aquilo que não foi integrado nos sistemas psíquicos retorna nos sonhos traumáticos, que seriam uma forma de alucinação, porém com a finalidade de que o acontecimento traumático seja integrado aos sistemas psíquicos, ou seja, que tais sistemas possam ser marcados por esse *novo* e, a partir dessa marca, esse *novo* possa ser imaginarizado e simbolizado, não permanecendo somente no nível do real do trauma atormentador. Esse trauma não tem valor positivo ou negativo, e sim de pura intensidade.

Freud afirma, em "Além do princípio do prazer":

> O estudo dos sonhos pode ser considerado o método mais digno de confiança na investigação dos processos mentais profundos. Ora, os sonhos que ocorrem nas neuroses traumáticas possuem a característica de repetidamente trazer o paciente de volta à situação de seu acidente, numa situação da qual acorda em outro susto. Isso espanta bem pouco as pessoas. Pensam que o fato da experiência traumática estar continuamente se impondo ao paciente, mesmo no sono, se encontra, conforme se poderia dizer, fixado em seu trauma. As fixações na experiência que iniciou a doença, há muito tempo, nos são familiares na histeria. Breuer e Freud declararam, em 1893, que 'os histéricos sofrem principalmente de reminiscências'. Também nas neuroses

> de guerra, observadores como Ferenczi e Simmel puderam explicar certos sintomas motores pela fixação no momento em que o trauma ocorreu. (1990l, p. 13)

Isso já aponta para uma ideia de *sistema aberto*, no qual o trauma é produtor de fixações ou marcas. Não se trata aqui apenas do trauma infantil, mas de um trauma que pode ocorrer a qualquer momento da vida. Assim, a questão da intensidade começa a ganhar corpo.

A questão nodal desse texto, parece-me, é o modo como as intensidades podem vir a ganhar representabilidade, e Freud vai tentar dar uma direção para essa indagação por meio da conceitualização da pulsão de morte. A questão do trauma, em 1920, toma, portanto, uma direção muito diferente. Ela já não mais está ligada só à questão do sexual, mas totalmente mergulhada no que hoje poderíamos pensar como *acontecimento*.

O conceito de *acontecimento* requer algumas vertentes que muitas vezes não se encaixam e criam complexidades difíceis de serem visualizadas. É formado por vários elementos díspares que poderíamos assim esboçar: *real, acaso, bifurcação, fractal, compulsão de repetição, repetição, pulsões, simbólico* e *caos*.

A concepção de *real*, desde Kant, sofreu algumas alterações bastante significativas. No contexto kantiano, o real é impossível de ser apreendido; é inatingível e aproxima-se do conceito de *das Ding ein sich*, isto é, da coisa em si (Kant, 1979). O fenômeno é aquilo que "aparece" enquanto representação da "coisa em si", "real". Porém, outra vertente sobre o real pode ser trafegada. É possível ter acesso ao real através do *acontecimento*, ou dizendo mais especificamente, o *acontecimento* é *real*. O *acontecimento* é uma irrupção, portanto, da ordem do *acaso*. Opera-se, aqui, com uma dimensão do *real* como possível de apresentação e apreensão. Um *real* tido, então, como aquilo que se introduz na realidade produzindo nesta uma ruptura e instaurando possibilidades de novos *acontecimentos*.

Para compreendermos melhor essa ideia do *novo* e do *acontecimento*, devemos alargar as articulações com o conceito de *fractal*, termo que provém do adjetivo *fractus*, do verbo *frangere*: quebrar, fraturar. Um fractal é uma maneira de ver, de visualizar o infinito. O fractal é a possibilidade de captação da *complexidade* com um pequeno número de dados. O conceito de *fractais* foi elaborado em 1975 por Mandelbrot, que vinha trabalhando com formas e dimensões, propondo uma geometria muito específica em torno de padrões irregulares constantes na natureza (Gleick, 1994).

Mandelbrot foi além das chamadas primeira, segunda e terceira dimensões. A dimensão zero qualifica o ponto. A dimensão um, a reta. A dimensão dois, o plano. A dimensão três, o volume. A quatro, o espaço-tempo. As dimensões fracionárias, ou fractais, são as dimensões "entre" (*apud* Gleick, 1994, p. 7).

São formas extremamente complexas e simples, pois, com regras simples, vislumbra-se o infinito. Essa é a geometria da natureza, e a forma com que ela se expande, se movimenta e cria é a de bifurcações. Assim, o estudo do que chamamos *bifurcações* é fundamental para o pensamento psicanalítico, pois é através desse conceito que vamos poder formar outra concepção do que chamamos *história*. Além disso, todos os novos paradigmas da ciência têm a ver com esse conceito.

A concepção popperiana de ciência, que atualmente vem sofrendo alguns questionamentos, assenta-se sobre a premissa de que a verdade é sempre objetiva e necessita de correspondência aos fatos. Essas ideias de "correspondência aos fatos" e da "verdade sempre objetiva" nascem com a física clássica, para a qual o sujeito e o objeto eram radicalmente separados. Esse pensamento encontra alguns percalços a partir de 1930, com os argumentos quânticos de Heisenberg, quando o princípio da incerteza começa a nortear a física moderna. Incerteza não coaduna com "verdade sempre objetiva" e "correspondência aos fatos", pois o próprio princípio da incerteza já nos mostra que não se tem correspondência no factual. Por mais que se tente precisar o tempo, aumenta-se a imprecisão espacial, e quanto mais se tente precisar o espaço, ganha-se imprecisão no tempo. Portanto, estamos vendo o nascimento de outra concepção de ciência, que leva em conta o *caos*, o *acaso*, a *indeterminação* e as *bifurcações* (Heisenberg, 1996, p. 42).

O importante na concepção filosófica e estética de *caos*, como Deleuze e Guattari postulam, é o seguinte:

> Define-se o Caos menos por sua desordem que pela velocidade infinita com a qual se dissipa toda forma que nele se esboça. É um vazio que não é um nada, mas um virtual, contendo todas as partículas possíveis e suscitando todas

> as formas possíveis que surgem para desaparecer logo em seguida, sem consistência nem referência, sem consequência. (1992, p. 153)

Contemporaneamente postula-se a hipótese de que o vácuo tem energia e pressão, por isso impulsiona o universo de dentro para fora.

A concepção do caos está baseada na experimentação de Ilya Prigogine sobre a cristalização de um líquido superfundido, que se encontra a uma temperatura inferior à sua temperatura de cristalização. "Num tal líquido formam-se pequenos germes de cristais, mas esses germes aparecem e depois se dissolvem sem gerar consequências", afirmam Prigogine e Stengers (*apud* Deleuze & Guattari, 1992, p. 153).

Essa experiência sobre a cristalização é importante para pensarmos o problema dos "trilhamentos" freudianos e suas implicações com o complexo de Édipo. Para Freud, a rocha última seria a castração. Esta seria o limite. Na Psicanálise de visão estrutural, a castração seria o organizador das estruturas, o que, de certa forma, embasa muitas das suas questões, porém, de outra forma, engessa-a de uma forma muito forte.

O que a Teoria do Caos nos aporta é que, em última instância, não temos onde nos referenciar, ou seja, temos de permanecer sem garantias de consistências e de consequências.

No texto "Além do princípio do prazer", a concepção da pulsão de morte em seus aspectos positivos – e não de positividade no sentido positivista – desnuda algo que se articula com tudo isso. Freud postula a pulsão de morte como não tendo objeto, o que aponta para uma pulsão que terá a *intensidade e o movimento* como características primordiais. Ele a atrela à compulsão de repetição, e não à repetição mesma, pois esta já está a serviço do princípio do prazer. A compulsão à repetição, no sentido do texto, situa-se "além do princípio do prazer". Ela repete o que nunca esteve no registro do prazer, e é exatamente nesse sentido que se situa "além do princípio do prazer".

Freud (1990e) diz que até mesmo nos suicídios podemos observar prazeres de ordem masoquista; portanto, aí se verifica a fusão da pulsão de vida com a pulsão de morte. Temos então a pulsão de morte em dois registros, funcionando como um pêndulo, ora em direção à física clássica, como tendência ao zero, ora com funções positivas, em que a pura intensidade – esse vazio que não é um nada, mas um virtual – orquestrará uma organização.

Do caos vem a ordem. É nessa asserção que encontramos a possibilidade de pensá-lo dentro dos novos paradigmas da ciência, da estética e da complexidade. Em "Além do princípio do prazer", Freud postula que a simbolização só pode ser instaurada trafegando pela pulsão de morte, que é a pulsão das intensidades. No exemplo do "*fort-da*", ele mostra como, através da compulsão de repetição da criança em torno das saídas e chegadas da mãe, esse *acontecimento* instaura o simbólico, e não como ele *entrou* numa ordem simbólica. A pulsão de morte atua como *produtora* do simbólico, e não como sua *articuladora*.

A pulsão de morte é da ordem do acaso, e os acontecimentos que se dão no *acaso* poderão ganhar representação.

O *acontecimento* é estético, no sentido da criação de uma narrativa, visto que é forma-movimento do encontro, anterior a qualquer organização simbólica. É um amálgama forma-movimento antes de ser captado pela pulsão de morte que, através de sua ação, o integrará como marca no universo representacional.

Essa ideia coloca a pulsão de morte além do complexo de Édipo e além do princípio do prazer, pois só quando a representação for instaurada é que ganhará dimensão pré-edípica ou edípica, portanto, *simbólica.*

Ao conceber as pulsões de morte, Freud recorreu às neuroses de guerra e às neuroses traumáticas, portanto a situações que não são da neurose infantil, embora lancem luz na compreensão da gênese da neurose infantil. Mas elas são de outra ordem: são da ordem da *imprevisibilidade*, do *acaso* e do *novo.*

Para compreendermos melhor como o *novo* se instaura, devemos trafegar pelo conceito de *bifurcação*:

> Chama-se bifurcação ao ponto crítico a partir do qual um novo estado se torna possível. Os pontos de instabilidade à volta dos quais uma perturbação infinitesimal é suficiente para determinar o regime de funcionamento macroscópico de um sistema são pontos de bifurcação. (Prigogine; Stengers, 1991, p. 66)

Freud se perguntava como uma intensidade "trauma de guerra" poderia ganhar representação no mundo subjetivo, isto é, ganhar inscrição. Não se tratava, aí, de uma repetição do infantil. Com o conceito de bifurcação, isso ganha novas consequências.

O sujeito adulto, frente a multiplicidades de acontecimentos, vai construindo suas organizações psíquicas, e não somente repetindo estruturações. Formas novas vão sendo criadas nessas construções. Encontramo-nos, portanto, no domínio da estética, e não apenas no domínio das estruturações logicamente orquestradas. Nesse sentido, não teríamos a lógica das posições e dos lugares ocupados por nossos analisandos como uma garantia do discurso analítico, pois o acaso e o caos, estando presentes, não garantem sempre essa organização, mesmo que muitas vezes ela exista e seja possível observá-la clinicamente.

Clinicamente, observamos o caos atuando com grande intensidade nas esquizofrenias. Nas suas formas mais graves temos, na história pré-mórbida, um sujeito quieto, de pouco contato e muitas vezes com funções escolares e familiares razoavelmente orquestradas. No início da adolescência surge um surto e, às vezes, um único surto é suficiente para levar a uma demenciação total. O caos, nesse sentido, foi devastador, pois apagou toda a ordem existente nessa organização psíquica, não tendo sido possível propiciar novas bifurcações. É como se o sistema estivesse chegando ao limite mortífero, como se, em vez de escolher um caminho novo possível, se mantivesse perenizado no caos.

Na maioria das vezes, a evolução clínica mostra que do caos vem a ordem. Após um surto aparecem alucinações e delírios, tentativas de cura em um sentido freudiano, ou seja, uma nova forma de se organizar com outras perspectivas que não as anteriores. Freud salienta:

> Se levarmos em consideração observações como essas, baseadas no comportamento, na transferência e nas histórias da vida de homens e mulheres, não só encontraremos coragem para supor que existe realmente na mente uma compulsão de repetição que sobrepuja o princípio do prazer, como também ficaremos agora inclinados a relacionar com essa compulsão os sonhos que ocorrem nas neuroses traumáticas e o impulso que leva as crianças a brincar. (1990l, p. 22)

A pulsão de morte se expressa também pela compulsão de repetição, que já é uma forma de registro do acontecimento após o caos ter imperado no psiquismo, pois nas psicoses graves a compulsão de repetição fica com poucas possibilidades de seguir rumo a uma complexão. Isso se observa com muita clareza no autismo.

Freud (1990l) pensa os sonhos traumáticos como exceção aos sonhos como realização de desejo, o que cria possibilidades teóricas muito abrangentes:

> [...] não é a serviço desse princípio que os sonhos dos pacientes que sofrem de neuroses traumáticas nos conduzem de volta, com tal regularidade, à situação em que o trauma ocorreu. Podemos, antes, supor que aqui os sonhos estão ajudando a executar outra tarefa, a qual deve ser realizada antes que a dominância do princípio do prazer possa mesmo começar. Esses sonhos esforçam-se por dominar retrospectivamente o estímulo, desenvolvendo a ansiedade cuja omissão constituiu a causa da neurose traumática. Concedem-nos assim a visão de uma função do aparelho mental, visão que, embora não contradiga o princípio do prazer, é sem dúvida independente dele, parecendo ser mais primitiva do que o intuito de obter prazer e evitar desprazer. (Freud, 1990l, p. 31)

Os sonhos das neuroses traumáticas tentam captar os *acontecimentos* (traumas) e processá-los psiquicamente. Como são sonhos, já transformaram o acontecimento que está temporalizado em um outro tempo, que chamarei de *tempo complexo*, e não *atemporal*. Esse tempo tem como função criar a angústia, pois foi exatamente a ausência de angústia – o fator surpresa – que criou as condições para a caotização do sistema. A caotização, por seu turno, cria múltiplas possibilidades ou, então, nenhuma.

O sonho traumático é a forma com que a pulsão de morte ata uma grande intensidade – que para o sujeito é, em princípio, intensa e assignificante – a constelações significantes, criando possibilidades de inscrições representacionais às vivências do caos. Desse modo, o sonho das neuroses traumáticas é a exceção na teoria dos sonhos, como realização de desejo. Os sonhos traumáticos estão na gênese do aparelho psíquico.

No adulto, o sonho traumático atualiza um processo extremamente primitivo do aparelho psíquico, mostrando o modo como a intensidade ganha representabilidade, processo situado além do princípio do prazer.

O apresentacional pode ganhar representabilidade quando, no acontecimento, os fluxos de intensidades podem afetar o corpo sensível. Se esse corpo sensível já tem uma auto-organização subjetiva suficiente para transformar esses impulsos pulsionais e dar uma forma sintática, ou seja, já pode manejar um código, um sistema de signos e a pertinência em uma ordem simbólica, o apresentacional pode se inscrever em um aparelho psíquico. O ser humano dotado da possibilidade de linguagem pode produzir pensamentos que o organiza a partir de seu corpo sensível. Nesse sentido o corpo sensível pulsional está na base para que se possa chegar ao pensamento. O corpo força a pensar e violenta o pensamento constantemente. A isso chamo ganhar representabilidade a partir das intensidades contidas no acontecimento.

Na criança, seria como se sua relação com a mãe, ainda sendo vivida no real, pudesse ganhar um nível simbólico de marca representacional. A pulsão de morte (intensidades) é a instauradora das marcas simbólicas por conseguir, através da compulsão de repetição – que é a sua forma de exteriorização e expressão – amarrar o *acontecimento* (relação mãe-filho) ao nível do simbólico.

A ruptura da mãe com a criança, a princípio relação real, ganha possibilidade de representação-simbolização. Nesse momento, a criança, que estava realmente submetida à mãe, passa a ter possibilidades simbólicas.

No sonho traumático, percebe-se a compulsão à repetição, expressão da pulsão de morte, o mesmo ocorrendo no jogo infantil. Nesse sentido, o sonho traumático e o jogo infantil estão relacionados na orquestração da pulsão de morte para produzir o simbólico, e não só o tráfego do simbólico.

Como a pulsão se expressa na compulsão de repetição e se sustenta nas séries complementares? Freud (1990l, p. 36) dirá que "uma pulsão seria então uma força, inerente ao organismo vivo, de reprodução de um estado anterior". No sentido psicanalítico, poderíamos pensar: "reprodução de um estado anterior", volta ao inanimado, caminho mortífero, pulsão de morte, isto é, *morte*. Daí o estabelecimento de um imaginário assim equacionado: "pulsão de morte = morte". Não estou querendo desconsiderar que, nesta formulação, está contida uma direção para a morte, isto é, para a morte real e de um corpo.

Freud (1990l, p. 35) prossegue: "uma parte da autodestruição (leia-se "*pulsão de morte*") subsiste permanentemente no interior, até que termina por matar o indivíduo". Ora, o aspecto que eu gostaria de ressaltar ultrapassa, e muito, essa interpretação. Quando Freud se dá conta de que a pulsão de morte não tem objeto, salienta seu aspecto de força, de potência, de virtual. Trata-se de uma potência diferenciadora, produtora de marcas que se combinarão e produzirão novas organizações-complexões; portanto, caracteriza-se a pulsão de morte como *produção*.

Observe-se como, neste raciocínio que desenvolvemos, tivemos de lançar mão de conceitos da física, da química e da biologia atuais, num movimento que considero, com Edgar Morin e outros, condição indispensável para o estabelecimento de uma *transdisciplinaridade*, sem que a Psicanálise perca sua especificidade.

Prigogine e Isabelle Stengers nos mostram que é exatamente nas intersecções disciplinares, portanto, da ordem do "trans", que pulsa o novo e se cria.

> E é muitas vezes nas intersecções entre disciplinas, por ocasião de convergência entre vias de aproximação separadas, que são ressuscitados problemas que se julgavam resolvidos, que se pôde insistir, sobre uma forma renovada, em questões antigas, anteriores à compartimentação disciplinar. (1991, p. 209)

Ou seja, quando se compartimentaliza os conhecimentos perdemos espaços potenciais exatamente onde pulsa a vida.

Prigogine, ao descrever os turbilhões de Bénard, evidencia as perturbações e as dissipações produtoras de "estruturas", organização e ordem, ou seja, as possibilidades de organização na instabilidade, no desvio e na dissipação energética.

Freud, por sua vez, ao propor a pulsão de morte, atribui-lhe características de pura intensidade (ação-movimento), conferindo-lhe a função de verdadeira possibilitadora da emergência do simbólico na criança. Desse caótico inominável, ação-movimento-acontecimento, poderemos, através da pulsão de morte, orquestrar essa questão não só no real. A pulsão de morte é que nos aponta para a direção de como o real pode ganhar simbolização. Esse processo pulsional tange durante toda a vida, e não só nos anos infantis. Assim, temos um inconsciente que não é só da ordem da repetição simbólica, mas que se acha densamente mergulhado no real, no pulsional, caracterizando-se como *produtor*, como *usina*.

Numa tal conceituação, o trabalho analítico deixa de ser uma relação com um inconsciente já dado, para tornar-se uma relação com um potencial, um virtual. Ganha destaque o campo pulsional.

Auto-organização e pulsão

As pulsões expressam suas intensidades em variações de graus. Freud (1990n) diz que as pulsões se expressam continuamente produzindo por toda a vida do sujeito. Essa produção gera desdobramentos. Essa especificidade de variações de graus é fundamental, pois ela não implica a formação/produção de sistemas separados em partes e todo. São sistemas que dobram e se desdobram produzindo organizações.

Na palavra "grau" está contida a noção de fluxo, tamanho, qualidade e quantidade.

Esse sistema que estou propondo não traz a ideia de *fronteiras* e *disciplinas* estanques. Um exemplo desse tipo de auto-organização é o que acontece no desenvolvimento embrionário. Esse devir embrionário envolve a repetição diferencial e também a mutação que leva em conta o acaso, o encontro e a diferença, pois o produto de uma gestação é um organismo único. Todo o devir desse sistema está imerso no acontecimento.

A transdisciplinaridade se apoia na ideia de grau e não de somatórias de partes e de todo.

Essa nova proposta de elaborar os sistemas, sem priorizar as fronteiras, as partes e o todo, altera profundamente uma forma de pensar desde o platonismo, o qual propunha o pensamento dividindo o todo em partes.

Freud, quando elabora as delimitações dos sistemas inconsciente/pré-consciente/consciente, não coloca topologicamente ali uma fronteira, e sim o conceito de censura. Esta, sim, ocupa um lugar de articulação entre os dois sistemas. Essa não é uma divisora de águas, é uma instância mediadora.

Estão em jogo, então, as ideias de virtual, de usina e de *sistema aberto* rumo às complexidades.

Os conceitos de fractal e desdobramento propiciam-nos uma nova visualização de uma outra organização.

Para encerrar, diria que o meu objetivo foi mostrar a possibilidade de uma certa leitura de "Além do princípio do prazer" (Freud, 1990l) em que a pulsão de morte se mostre de uma forma produtora, geradora do *novo* através da instauração de marcas e, como produto disso, advenha uma concepção do inconsciente pensado com usina. Teríamos, então, a produção de um simbólico, e não somente suas articulações. O nó para se articular todas essas questões foi o conceito de *acontecimento* que, para acoplar-se ao âmago da Psicanálise, foi forjado em uma aventura *transdisciplinar*.

Nem tudo que toca ressoa
Nem tudo em que ecoa toca
Mas, toda toca abriga um tudo
Que em si se abre ao mundo.

2.

As vicissistudes da pulsão de morte[1]

"Trago-te uma água perdida em tua memória
segue-me até a fonte e encontre seu segredo".
Patrice de la Tour du Pin

Neste ensaio tento abordar uma questão contemporânea: o estabelecimento da afecção clínica *anorexia* em grande número de sujeitos em nossa sociedade. Tento chegar à fundação dessa expressão clínica através de um caso.

Essa nova forma, essa auto-organização, exprime desejos destrutivos e criativos muitas vezes camuflados em diversas roupagens e múltiplos cenários. São pessoas que recusam a alimentação, tanto concreta como abstrata, num ambiente que fomenta constantemente a superabundância e o consumo desenfreado, sem o menor respeito pela ecologia. Acredito que

---

[1] Este texto é uma versão ampliada do artigo homônimo publicado na revista *Percurso*, ano II, no 3, 1989, pp. 23-25.

nossa maneira de pensar o mundo e o modo como o capturamos estão rigorosamente inter-relacionados e cabe a nós criarmos possibilidades de organizá-lo.

Abordo como paradigma o caso clínico de uma adolescente. Vivemos em um mundo onde não reina mais, no campo das ideias, a noção de verdade absoluta. Porém, na realidade, a expansão dos fundamentalismos de qualquer vertente encontra-se em ascensão com suas consequências perniciosas evidentes. Essas formas antagônicas de auto-organização convivem e produzem a subjetividade do nosso tempo.

Aqui, abordo a anorexia como um efeito de nossa cultura contemporânea e não como uma psicopatologia cristalizada. Isso gera uma alteração também no que penso como identidade, uma passagem e não uma finalidade.

Só se pode desdobrar o conceito de identidade em Psicanálise pela criação de um conceito de singularidade.

As etapas pelas quais o sujeito transita em seus primeiros anos de vida não são somente desenvolvimento cronológico. São caminhos não lineares, que levam a diferenciações e singularizações, sendo a identificação uma parte desse processo. As identidades assim pensadas são multiplicidades, ou seja, não temos apenas uma diferença masculina e feminina, cada conjunto tem sua auto-organização sexual como uma impressão digital, uma pura diferença.

Vivemos num mundo de incertezas; daí a necessidade de sermos criativos. O nosso mundo não é dado *a priori*, mas construído por nós mesmos em nossas vivências, experiências de vida e construção do conhecimento. Tudo isso é central para nos aproximarmos do conceito de auto-organização.

O homem contemporâneo distanciou-se muito das artes não só como apreciador, mas também como uma forma de produzir-se como ser humano. A arte, nesse contexto, precisa ser integrada a nosso cotidiano. Quero nortear neste ensaio a questão fundamental da imaginação, tão bloqueada atualmente pelo excesso de informação de qualquer procedência e muitas vezes tão desconectada dos interesses de cada um. O mundo impõe uma necessidade de se "comer" tudo sem a mínima discriminação, não importando qual apetite cada um venha a ter. Aparentemente há muitas variedades de escolha, mas no fundo isso tudo é imposto por múltiplos aparelhos midiáticos resultando em pouquíssima possibilidade de opção. A liberdade para escolher entre esses inúmeros cardápios muitas vezes encobre sobredeterminações que fazem entrar em ação diversos mecanismos de repetição completamente estrangeiros para os sujeitos daquelas vivências. Na base de todo o processo criativo estão as inúmeras possibilidades que nos propiciam as diversidades. Sem elas temos um mundo morto, cristalizado, sem movimento e sem fluxo.

Para melhor argumentar quero mostrar uma conexão entre o pensamento científico e o campo das artes, que, a meu ver, são intrinsecamente interdependentes. Uma citação de Albert Einstein se faz necessária para que possamos perceber como já nos primórdios do século XX essas conexões transdisciplinares já estavam sendo tecidas: "Não deveria ser escolha nossa decidir que quantidades são observáveis; essas deveriam ser dadas a nós, ser indicadas a nós, pela teoria". Na medida em que as leis da matemática se referem à realidade, elas não são exatas; na medida em que são exatas, não se referem à realidade. "A imaginação é mais importante que o conhecimento" (Isaacson, 2007, p. 27).

Através da imaginação construímos novos mundos. Precisamos organizá-los, habitá-los, torná-los existentes tanto para nós quanto para os outros, pois eles não estão aí desde sempre, eles nascem da criação. Por outra vertente, a maneira que somos, que nos exprimimos, nossa gesticulação, nossa mímica, nossos pensamentos, têm também raízes, foram construídos em recônditos inauditos por nossa ancestralidade, por nossa herança cultural em acontecimentos muito distantes de nossa consciência momentânea. Portanto, somos também concretizações dessas redes ancestrais que se atualizam em nós. Estas se constituem em séries complementares que articulam vivências ancestrais, infantis e vivências do adulto se entrelaçando em complexas ramificações. De todas essas articulações aparecem auto-organizações que são sistemas abertos, pois carregam consigo as vivências atuais do sujeito, que também provêm do acaso.

Portanto, somos frutos de infinitas articulações de redes. De uma forma criativa, vamo-nos organizando nesse universo, sempre em complementaridades e divergências, participando de uma maneira ativa, mesmo que, antagonicamente, tendo muito pouco conhecimento a seu respeito. Consequentemente, estamos sempre mergulhados em aporias.

Dessa forma, não dá para concebermos a ideia de indivíduos como aqueles que não se dividem, que não têm brechas por onde o novo possa se circunscrever. Estamos sempre tecendo e sendo tecidos num mar pulsional. Para enxergarmos as padronagens que surgem, precisamos sempre do nosso olhar e do olhar do outro. Para cada possibilidade que surge dessas interações abre-se um novo universo de caminhos e trilhas que poderão ser percorridos. Assim, uma das possibilidades de pensarmos a consciência é a aptidão de captar os acontecimentos e suas conexões. Ou seja, sempre que num conjunto de elementos nos aproximarmos da sua significação, isso pode dizer algo sobre o *outro*; quanto mais interagirmos conosco, ou com o nosso hábitat, mais percebemos e criamos correlações. Portanto, quanto mais estabelecermos vínculos com o universo, mais o conhecemos e concomitantemente nos conhecemos, pois estamos imersos em uma complexidade de malhas articuladas.

Acredito que abordar as características da auto-organização só com critérios científicos seria impossível, pois, na ciência, o fenômeno a ser analisado necessariamente tem de ser repetido à exaustão e demonstrado. Há a necessidade de total objetivação no âmbito da ciência clássica, uma radical separação entre sujeito e objeto. Na construção das auto-organizações, sujeitos e objetos estão sempre "dançando". Qualquer ritmo é possível. Em se falando de ritmo, também estamos abordando o campo das artes, ou seja, estamos construindo um conceito em uma intersecção.

No caso clínico que segue adiante, abordarei as repetições que surgem nas dramatizações e nas falas de uma adolescente. Elas são fundamentais para que alcemos voo à sua auto-organização. Porém, para alcançá-las, necessito também de meu arsenal subjetivo. Das vivências dessa dupla, com seus demais familiares em um ambiente hospitalar, se desenrolará grande parte desse drama psíquico. Para que esse processo se dê, há a necessidade de uma imersão para que, em um segundo momento, haja a possibilidade de criação de uma narrativa dessas vivências e desses acontecimentos. A isso eu chamo de navegar por águas turvas e também por pontos cegos, e só num segundo momento desvendá-los. No momento em que esse desvendar ocorre, temos uma inundação de informações que, ou estavam inconscientemente articuladas e produziam sintomas, ou paralisavam esse fluxo informacional, constituindo uma inibição, não permitindo nenhuma criação. Todavia, há momentos de irracionalidade que precisam ser criativamente referenciados. A arte com seus elementos estéticos ocuparia, nesse momento, um lugar ímpar.

As cenas inconscientes narradas no fragmento clínico estavam muito longe de serem simbolizadas e, consequentemente, organizadas pela jovem que, naquele momento, estava num início de abordagem analítica. Acredito que um processo auto-organizativo pôde ser produzido e, nesse momento, vou começar a descrevê-lo.

O ambiente era sombrio. Uma adolescente, quase uma menina, deitada em seu leito de hospital em uma posição fúnebre, com um semblante extremamente branco assim como sua roupa, com uma agulha de uma alimentação parenteral ligada a seu braço. A mãe a acompanhava e também compunha esse cenário.

Durante alguns dias, a menina insistentemente dizia que não suportava o corte em seu abdômen e que iria morrer. No ambiente médico e paramédico, o episódio causava perplexidade, pois todas as avaliações clínicas eram negativas e o abdômen já tinha sido aberto duas vezes para exploração no último mês, devido a sintomas que simulavam "abdômen agudo", e nestas explorações nada havia sido encontrado do ponto de vista somático.

Outra fala surgia nesse ambiente: "O problema dela é a mãe, não permita que a mãe fique muito com ela." A princípio, fiquei espantado com isso, com o que me comunicava essa fala que vinha de todas as direções, até dos parentes próximos, pai, avó paterna e tias.

A mãe, simpática e falante, estava muito apreensiva, pois sentia e transmitia que a filha caminhava inexoravelmente para a morte. O pai era mais distante comigo; nesse período, começou a beber mais do que o habitual e ter dificuldades em fazer seu trabalho.

Nessa altura, ela não se alimentava de quase nada havia dez dias.

Em nossas conversas muito pouca coisa aparecia; ela ficava longo tempo em silêncio, até que começou a falar de sua avó materna que havia falecido havia quase trinta anos. Dizia que era uma pessoa de inúmeras qualidades, venerada pela mãe e que esta quando se referia a ela ainda hoje chorava, fato que cheguei a presenciar. Esse assunto, com variações, começou a aparecer com insistência. Há uma identificação da menina com essa avó falecida, marcada pelos desejos inconscientes da mãe, como será visto adiante.

Nesses primeiros dias de trabalho, fui invadido por uma angústia grande e uma fantasia obsessivamente se repetia: "Esta menina vai morrer". Imaginava seu funeral e seu sepultamento ao lado do túmulo de minha mãe, recentemente falecida. Isso começou a me incomodar, a menina também continuava a não se alimentar e já era hora de retirar a alimentação parenteral. Quando esta foi retirada, ela passou dois dias sem se alimentar, mal tomava água e a alimentação parenteral teve de ser recolocada. Todos sabem que em ambiente hospitalar, com inúmeras infecções, uma segunda tentativa já significa um risco concreto para a saúde.

Nesse período, eu me dei conta de que estava em uma situação de impotência, na qual a fantasia da morte de minha mãe me apontava a direção. Ela teve morte súbita, ninguém pôde socorrê-la; essa questão tramou a situação dual a que me referi anteriormente. Se eu continuasse nessa posição e lugar em relação à paciente nada poderia fazer por ela. A posição era a de um acompanhante que entrava com ela na cena fúnebre:

menina – morte da avó – eu – morte da minha mãe. Nós estávamos em posições imaginárias, identificatórias da mesma ordem, e ocupávamos o mesmo lugar de impotência diante dessas vicissitudes. Esse lugar tinha de ser desocupado por mim. Quando pude desocupá-lo, escutei a mãe de outra maneira.

> Não sei por que essa menina persegue a morte. Quando eu engravidei queria muito um filho, toda a gravidez foi extremamente calma e feliz, nessa época, eu e meu marido nos dávamos muito bem. Você sabe, foi nossa primeira filha e eu queria muito uma criança, sentia um vazio imenso, que eu acreditava vinha desde os tempos da morte da minha mãe.

Quando a mãe descreve que ficou radiante com o nascimento da filha, ela relata por deslocamento, todo um investimento libidinal na criança que começara a se organizar. A mãe faz uma marcação maciça de sua própria mãe através da menina. Anos depois a filha mostrará, por esses fantasmas do passado, todas as cenas em que sofreu essa forte marcação por parte da mãe.

Voltando às falas da mãe.

> Realmente foram os anos mais bonitos de minha vida. Quando ela nasceu eu fiquei radiante como nunca, os seus primeiros meses foram de um encantamento para mim e minha família. Eu não queria outro filho naquele momento, talvez pudesse até querer após uns cinco anos. Quando ela estava com nove meses eu subitamente engravidei, o dia

> para mim se fez noite, tentei todas as formas para abortar aquela gravidez, os meses foram tristes até o parto, e eis que nasceu um menino e eu me encantei com ele.

Neste momento ela ficou lívida, não conseguindo exprimir-se em palavras por algum tempo.

Todo o seu relato havia sido muito intenso e seu semblante refletia muitas variações. Era como se, em seu rosto, em sua mímica, estivessem instalados inúmeros momentos condensados, de extrema significação para ela em sua existência. Tomada por aquela avalanche de sensações que minuciosamente ia me narrando, estava ao mesmo tempo sendo protagonista de seu próprio drama. O que estava sendo narrado era vivido intensamente e, ao mesmo tempo, revivido. Enquanto a vivência ali comigo ocorria, essa "revivência" acontecia e algo de muito novo se produzia. Num momento, ela me disse que sabia o que acontecia com a filha, que ela própria havia deslocado tudo para ela. Essa frase extremamente condensada, de uma força incrível, depois de ter sido articulada provocou um choro convulsivo. Percebi aí que alguma modificação radical estava acontecendo nela. Era como se algo marcado pudesse começar a tomar expressão, uma abertura para as possibilidades de mudança nas marcações inconscientes da mãe estaria sendo instaurado. Após a narração desses fatos, a mãe altera rapidamente os lugares de extrema possessividade e proteção que ocupava em relação à filha.

Detectando seu desejo mortífero, a mãe compreende que essas posições ocupadas (possessividade e proteção) nada mais eram do que máscaras, disfarces. O lugar inconsciente, fonte desse desejo, pôde ser desocupado. Os efeitos sobre a menina logo puderam ser observados. Ela começou a dar mais atenção às minhas roupas, a falar um pouco mais sobre o quarto em que estava internada, e a pedir para que os pais levassem uma televisão, embora assistisse a poucos programas. A equipe médica começou a ficar mais esperançosa. A relação da mãe com a equipe também começou a tomar um novo rumo.

Aos poucos tinha-se a impressão de que aquele ar fúnebre que invadia os quartos e corredores e circulava entre paramédicos, familiares e amigos começava a se dissipar de maneira palpável. A partir daí a presença da avó paterna passa a ser percebida. Segundo a mãe da menina, essa avó sempre desempenhou um importante papel na harmonização do relacionamento familiar, por sua postura ativa e bastante afetiva, sendo vista como uma pessoa segura de si. Seus parentes levavam-lhe questões referentes às dificuldades no contato com os filhos, e ela ocupava um lugar de conselheira, sendo escutada e respeitada por eles. Essa avó tentava alimentar a garota de várias formas, trazendo, com a permissão da mãe, os pratos preferidos dela na infância. O lugar de nutrição ocupado por essa avó é fundamental como representante da linhagem paterna, abrindo uma brecha nessa célula narcísica mãe-filha. As posições em que transitava, trazendo alimentos saborosos e nutritivos são opostas às da mãe que, inconscientemente, encaminhavam-na para um rumo mortífero. Logo a seguir, porém, a menina para de aceitar toda e qualquer alimentação. Isso aponta para o fato de que apenas aquele *insight* da mãe e as investidas afetivas da avó não foram suficientes para retirá-la de seu circuito mortífero. O efeito *anorexia* ressurge com força e os apelos da avó, que geralmente a sensibilizavam, nesse momento não surtem mais resultados. A recusa da alimentação volta com intensidade. Isso deixa claro que o cerne da questão estava em outro lugar e em outras posições. A alimentação parenteral volta a ser ligada.

Como tudo indicava, nesse período anterior ela estava começando a fazer ligações importantes com a vida, ainda que pequenas, e todo o ambiente hospitalar em sua ala estava mais tranquilo. Havia nesse rumo mortífero, assumido inconscientemente pela garota, algo extremamente mobilizador, algo intenso e, nesse momento, os aspectos masoquistas ficavam extremamente evidenciados. A espetada da agulha e a manutenção desta em seu braço satisfaziam uma gama de sua sexualidade, desde situações orais claras, no sentido alimentar, passando por situações anais que envolvem o controle de seus familiares. Situações fálicas em que ela era a santinha do hospital também surgem nesse momento. Isso formava uma grande condensação, deixando entrever toda uma complexão (pulsões de vida), de um lado, e uma tendência mortífera, de outro. O lugar em que a garota se colocava ia ficando cada vez mais claro. Ela era a mais sofrida do hospital, aquela que padecia e por quem ninguém poderia fazer coisa alguma.

Estava chegando a hora de retirar a alimentação parenteral. Eu estava angustiado, porém me sentia na caminho certo.

A alimentação foi interrompida e ela passou dois dias sem ingerir nada. Todo o *insight* que a mãe teve e trabalhou em si foi insuficiente para alterações duradouras naquele jogo. Efeitos se produziram na garota, porém, se a alimentação estava sendo recusada novamente, era sinal de que outros fatores estavam presentes e não podiam ser escamoteados. Houve uma regressão intensa e toda a melhora que começava a se esboçar fora interrompida. Para mim, estes lugares em que ela se colocava, compulsivamente repetidos, mortíferos em essência, tinham a ver com a posição ocupada pela avó materna, lugares idealizados, impossíveis de serem desocupados. A alimentação parenteral estava ligada pela terceira vez.

Esse momento foi muito difícil. Eu a acompanhava e tinha vivências extremamente complexas, cujo significado só pude apreender *a posteriori*. As questões que surgiram eram: de que maneira poder conviver no fio da navalha criado por todas essas circunstâncias, de um lado e, ao mesmo tempo, poder me diferenciar muito rapidamente desse engodo criado, ou seja, não ser presa fácil de identificações imaginárias, idealizadas negativa e positivamente, isto é, tanto assumindo uma posição de potência para tirá-la desse circuito quanto de impotência mantendo-a nele?

A equipe preparava a família para o fim próximo e o ambiente era bastante conturbado. A ideia que eu tinha era de que estava em jogo uma forma defensiva de a equipe médica funcionar. Nesse momento, assumi um lugar de comando do caso e isso foi decisivo enquanto diferenciação de nossas funções. Outro jogo seria possível. Aparentemente isso podia soar como uma divisão da equipe, porém não foi vivido assim, pois o efeito foi um somatório de vetores. A equipe, com toda sua flexibilidade, permitiu a troca de posições e lugares no seu interior e foi exatamente isso que possibilitou a condução do caso.

Preparar a família seria uma forma do saber médico se impor sobre as questões da morte e, até mesmo, prevê-la. A equipe, porém, percebeu que o problema não era de ordem somática e, sim, emocional e permitiu-me o trabalho nesse patamar.

Descobri a dimensão do lugar que eu estive ocupando naquela situação toda. Eu acreditava (dada a fina sintonia que havia entre essa equipe e o tipo de trabalho que desenvolvo, e considerando que só tive acesso a esse caso porque a equipe foi sensível em perceber que a Psicanálise poderia ajudar a resolvê-lo) que juntos poderíamos chegar a um porto seguro. Eu tinha de funcionar com grande precisão e resolução, caso contrário a célula narcísica não se romperia. Quando se fala em célula narcísica aponta-se à relação mãe-filho, dual, fechada em si mesma. A quebra dessa relação depende da entrada de um terceiro elemento que propiciaria a criação de novas redes associativas, permitindo trocas mais abrangentes. A partir daí, os fatos transcorrem da seguinte maneira: no sétimo dia de alimentação parenteral, ela tem uma noite com terríveis pesadelos, arranca essa alimentação colocada em sua veia subclávia e o frasco se quebra no meio do quarto e ela fica toda ensanguentada naquela madrugada.

Por mais que eu lhe solicite que se lembre das imagens do pesadelo ou de alguma fala do pesadelo que a tinha assustado, ela não se recorda de nada, nenhum fragmento foi recuperado, só a vivência de terror. A ação de retirada da alimentação parenteral foi vivida como terrífica. Isso mostra que toda vez que aparecia corte, rompimento, um horror surgia e ela regredia para situações duais.

Ao amanhecer, quando cheguei ao hospital, o clima era de extrema agitação da equipe. Numa posição de potência, dei-lhe alta e argumentei para a equipe que, se o caso não era orgânico, não havia motivo para ficar em ambiente hospitalar. A internação marcava um lugar inconsciente, que tornava impossível a ocorrência de outros desejos que não estivessem sinalizados pela morte. Nesse momento ocupei o lugar de analista e também o de médico, pois dar alta hospitalar cabe ao médico; portanto, na equipe transdisciplinar do hospital, eu ocupava esses dois lugares. Esse ato foi comunicado à equipe que concordou.

Eu disse para a menina ir para casa e voltar ao meu consultório em três dias. Até ali eu a visitava diariamente, durante 41 dias. Uma hora depois, quando assinei a alta, ela estava com roupa comum e com um ligeiro batom. Despediu-se de mim com a família e foi para casa.

Durante esses três dias fiquei levemente angustiado, porém pensava: “Se o caso piorar, vão me telefonar, evidentemente”.

A fantasia do telefonema, posteriormente analisada, mostrava que a célula narcísica estava sendo cindida, porém nem eu acreditava muito. Em grande parte dessa quarentena em que vivemos juntos estive mergulhado nessa célula narcísica e percebo, hoje, que sem esse mergulho inicial nada poderia ter sido captado. As posições e os lugares que ocupei nessa interação são necessários para que num segundo tempo sejam desocupados. Só assim se torna presente a vivência e a história fica sendo não o passado, e, sim, uma construção que acontece no aqui e agora, intimamente articulada com o momento vivido. Isso a meu ver é o fundamental do que se entende por transferência, conceito basilar que norteia todo o trabalho psicanalítico.

Grande parte dessa análise mostrou como os atos são emanações do inconsciente, da silenciosa pulsão de morte, longe ainda de qualquer ligação com palavras e muito aquém do princípio do prazer. A fantasia do fio de telefone que uniria a menina a mim, caso ela não passasse bem, estava ligada à sua atuação violenta quando, na madrugada, em meio a um pesadelo, arrancou o fio que a ligava a alimentação parenteral. Violentamente arranca, corta esse cordão de alimentação, e o analista, simetricamente, porém diferentemente colocado, dá alta e endossa seu ato, quebrando uma compulsão de repetição. Desse ato inscreve-se uma significação em seu universo simbólico que ainda não existia. A posição simétrica mostra que, transferencialmente, entra-se em concordância com a posição dela de ruptura, endossa-se seu ato. O lugar que o analista ocupa é diferente do dela, no sentido em que este atua como ela, porém atua de fato como alguém que tem potência no momento para quebrar aquela relação hospitalar, alterando a compulsão de repetição. Essa compulsão reflete que toda vez que ela tentava quebrar a célula narcísica com a mãe, esta a mantinha na mesma posição e lugar, que diz respeito ao fantasma da própria mãe ligado a sua mãe, avó da menina. Isso fica explícito na primeira cena presenciada no quarto dela: a encenação de seu próprio velório. A posição e o lugar que ela ocupa estão diretamente articulados aos desejos da mãe, dando origem ao conjunto principal de fantasias de toda essa análise. Duas dessas fantasias aparecem já em situação de análise, quando ainda estava hospitalizada.

1. A cena fúnebre já descrita, presenciada no primeiro contato com ela, no quarto do hospital.
2. A fantasia que ela traz de como foi a reação da mãe quando presenciou inesperadamente a cena fúnebre no episódio da morte da avó materna. Ela conta um episódio sobre o falecimento de sua avó materna, que ela acredita ter sido muito traumatizante para sua mãe, pois a avó teve morte súbita enquanto a filha, mãe da analisante, ainda estava na escola. Ao chegar em casa, sua mãe depara com o funeral. Essa narrativa, que deve ter-lhe sido contada pela própria mãe, deixa importantes impressões fantasmáticas.

A terceira fantasia que ela tem – ser arrancada do caixão pelo pai, que será descrita detalhadamente – só aparecerá no consultório. As três cenas serão decisivas para a análise, pois o processamento delas vai direcioná-la para outras vicissitudes em sua vida.

Transferencialmente, então, o que ocorreu? O analista entra na relação, compra durante algum tempo o que estava sendo vendido (o analista entra facilmente, desde que fique no lugar de impotência, apenas na posição *voyeurista* do "velório" no quarto), que seria a impossibilidade de que algo pudesse ser quebrado nesse caminho mortífero e extremamente violento. Ocupa, então, a posição determinada pela célula narcísica: "o destino está traçado, será assim..." e tem na própria menina uma cúmplice. As forças determinantes do retorno ao zero ou ao nirvana –características da pulsão de morte – são poderosas, e começam a se esboçar através da produção de um universo simbólico; a sexualidade e as intensidades das pulsões de vida (que marcam posições e lugares) surgem e entrelaçam-se, mesclam-se com a pulsão de morte.

Nessa mescla é possível perceber como os efeitos das pulsões de vida – que, segundo Freud, é o caminho para a criação de grandes complexidades – e da pulsão de morte – que marca a diminuição de complexidades – são operacionalizados. A pulsão de morte expressa-se em atos e em construções de cenas que evidentemente são mais regredidas que as fantasias colocadas em palavras como articulação simbólica.

Essa nova maneira de enfocar a pulsão de morte conduz-nos a pensar em dois operadores para esse conceito: em uma topologia para a pulsão de morte que se expressaria através de cortes, levando à diminuição de complexidades, e em uma dinâmica, em que a pulsão de morte, desligada da pulsão de vida começaria a produzir um rumo mortífero para o sujeito. Observa-se esse acontecer nos rumos depressivos. Quando a depressão já não consegue ser expressa nos campos imaginários e simbólicos, o real do corpo começa a se manifestar, aparecendo as afecções psicossomáticas, que podem ou não conduzir o sujeito à morte. Nessas afecções está em jogo um grau maior de regressão do que aquele que se evidencia nas psicoses, já que as manifestações destas estão no campo delirante e alucinatório, portanto, no campo da ideação e da sensopercepção.

Já em análise, no consultório, numa frequência de três sessões semanais, e sem qualquer contato com a família, a garota conta uma fantasia vivida por ela seis meses antes de ser internada no hospital. Era uma fantasia reiterativa, que consistia no seguinte: ela estava morta na sala de sua casa, alguns familiares estavam presentes, sua mãe rezando ao lado. Ela está dentro de um ataúde coberto de flores, o pai chega, retira-a do caixão com bastante energia e, nesse momento, ela volta a viver. Isso é uma fantasia. Porém, quando, no primeiro dia, no hospital, ela se encontra em uma posição fúnebre com a mãe rezando ao lado, isso não é uma fantasia. Isto é uma *ação*, fruto de um processo de regressão. Esse caminho regressivo é uma expressão da pulsão de morte, algo que não podia ser expresso em palavras e é vivenciado no real.

A articulação simbólica mostra: "Eu não suporto esse corte por isso vou *morrer*".

A ligação de *corte* e *morte* era tão forte que o lugar do analista só podia ser de uma extrema impotência, de imobilização. O trabalho avança exatamente quando se imprime uma distância entre uma palavra e outra. Ambas são palavras. Através da palavra *corte* pode-se operacionalizar a ruptura da célula narcísica, ou seja, da ligação mãe e filha. O analista, que trabalha com as palavras, encontra-se em outra dimensão, que seria o campo da pulsão de morte, *intensidades*, muito aquém do campo das palavras que pudessem ser articuladas pelo sujeito e também além do princípio do prazer, como o próprio Freud comenta, em seu artigo de 1920: "A compulsão de repetição também reproduz vivências do passado que não contêm possibilidade alguma de prazer e que quando aconteceram já não constituíram satisfação nem ao menos das moções pulsionais recalcadas desde então" (1990l, p. 20).

Nesse sentido, dizemos precisamente que a relação psicanalítica propicia a construção, através da marcação de posições e de lugares das manifestações inconscientes tornadas presentes e vivenciadas. Dizemos marcação, pois esse é o papel do analista que, nessa subjetividade, tinha lugar reservado através da fantasia do pai que a arranca do caixão, da morte. Muitas vezes **isso** foi repetido, porém não marcado, e a eficácia vem da marcação de posições e lugares em uma dimensão simbólica.

"Eu não suporto este corte por isso vou morrer" poderia ser lido assim: "Eu suporto este corte por isso vou *viver*". A negativa seria o recurso usado para o acesso à consciência; assim, a posição "Eu suporto este corte por isso vou viver", alcançada e reforçada pelo analista, na madrugada do pesadelo em que a menina arranca o duto que a alimentava, deixa entrever uma mudança tanto do lugar do analista como do lugar da mãe que já não canalizava sobre ela um desejo mortífero.

O efeito *anorexia* surgiria da convergência de duas posições inconscientes: a) um rumo mortífero para ocupar o lugar da avó santificada, e b) a determinação do lugar mortífero que a menina deveria ocupar, procedente de impulsos de morte gerados pela mãe (eliminação da segunda gravidez, posteriormente deslocada para a menina).

Inúmeras situações transferenciais que ocorreram durante essa análise deixaram claro que o analista ocupava o lugar do pai que a retirava do ataúde – entrando no quarto do hospital e "retirando-a" do leito de morte. É de se ressaltar também a semelhança da cena construída pela narrativa de sua mãe a respeito do velório da avó materna. Ela ficava no lugar da avó morta, só que, quem entra na sala, não é sua mãe e, sim, o pai que vem simbolicamente devolver-lhe à vida. Isso indica a facilidade com que ela me aceitou mesmo em momentos extremamente difíceis. Havia algo que favorecia que minha fala tivesse uma eficácia para ela, pois seu lugar já estava reconstituído transferencialmente, possibilitando a criação de muitas outras alternativas nesse lugar que se descortinara.

A menina, produzindo a anorexia, ficaria no lugar de mártir do hospital (todos a visitavam como aquela que mais sofria no mundo, todos a tratavam como uma santinha), complemento do impulso masoquista da mãe já articulado ao da avó.

Fiz um questionamento técnico que faço até hoje. A alta foi concreta e fundadora num sentido de vida, reafirmei seu *movimento* de retirada da alimentação parenteral. O movimento de vida ressurgia nela.

Após os três dias, a mãe e a menina chegaram ao meu consultório e ainda na sala de espera, disseram-me: "Ontem eu e ela comemos lasanha".

O efeito *anorexia* surgiu da convergência de duas posições inconscientes. Seu próprio desejo de morte era para ocupar o lugar daquela avó santificada. O desejo da mãe, de morte em relação a sua segunda gravidez, foi deslocado para a filha. Tentei condensar o máximo possível os pilares que deram origem a essa organização, evidentemente correndo o risco de uma simplificação muito grande e perdendo outras articulações extremamente ricas para a compreensão do caso.

Esse caso já se findou há muitos anos e é sabido que a jovem hoje se encontra casada e com filhos, conduzindo sua própria vida.

A tentativa da exposição das vicissitudes da pulsão de morte objetivou mostrar que essa pulsão não é somente mortífera e destrutiva. Ela também tem aspectos criativos que aparecem na forma com que a analisante pôde construir as suas cenas naquela instituição hospitalar, ou seja, levando em conta os aspectos da cultura impregnados tanto na minha pessoa, como analista, quanto na de todas as pessoas que trabalhavam na instituição ou a visitavam.

Assim sendo, foi possível, com o somatório desse conjunto de séries complementares, a construção de uma narrativa que pôde simbolizar para ela e, por que não, para grande parte desse conjunto de pessoas que participou desse processo.

Utilizei esse caso, pois creio que ele pode ilustrar como, no processo de auto-organização de uma subjetividade, o *outro* é uma peça-chave. Ao mesmo tempo que ocupa um lugar disruptivo, atrai para si imensos caudais de repetições. Esses são verdadeiros tijolos na construção de uma casa. Essas repetições são sempre diferenciais, mas mantêm sempre um esqueleto que pode ser preenchido com viva carne.

Simbolizar significa, economicamente falando, criar formas nos fluxos dos vetores intensivos das pulsões de vida e da pulsão de morte. A pulsão de morte é a pulsão da dispersão, do caos, das intensidades. A pulsão de vida caracteriza-se pela organização, dá forma às intensidades; assim sendo, cria referências, consistências e consequências, onde só havia uma potencialidade.

Da fusão e da diferenciação dessas pulsões surgem formas que, através da sintaxe das palavras, podem se tornar narrativas que produzem auto-organizações. Nesse caso especificamente, quando isso foi produzido, a analisante pôde, através dessa simbolização, circular pelos campos da narração de suas questões e marcar outras posições e lugares que outrora só apareciam como uma dramatização repetitiva alienada de si mesma, pois é o simbólico que constrói esses laços subjetivos e suas formas de conexão com o mundo.

Portanto, o simbólico é da cultura e também do campo da subjetividade, propiciando assim, articulações na auto-organização de cada um produzindo singularidades.

Meu universo
Multiverso
Com meu mundo
Converso.

3.

Psicanálise e complexidade: uma conexão possível[1]

"Na lógica formal, uma contradição é o indício de uma derrota, mas, na evolução do saber, ela marca o primeiro passo do progresso em direção à vitória."
Alfred North Whitehead

"Foi-me necessário reconhecer que o meu sistema era contraditório em si mesmo e essa contradição estava não além da lógica Aristotélica, mas aquém de qualquer lógica, inclusive dialética."
Edgar Morin

Estamos no início do século XXI. É um momento de avaliação, mas também de aposta e de tentativas para se perceber, nas malhas do tecido social em que a Psicanálise está incrustada,

[1] Texto apresentado no Congresso Interlatino para Pensamento Complexo, Rio de Janeiro, set. 1998.

como essa tecedura, como esse bater do tear poderá criar novas padronagens e nuanças.

O objetivo deste capítulo é tentar uma articulação dos textos freudianos com ideias e textos contemporâneos; tentar uma possível articulação de conceitos freudianos – como o de narcisismo, o de séries complementares, o de pulsões, o de libido etc. – com conceitos de outras áreas da ciência, da filosofia e das artes, possibilitando a conexão "Psicanálise e complexidade".

Edgar Morin (1980b, p. 40) afirma: "Assim, a ambiguidade, a incerteza, o ruído, o erro só em primeira instância são limites, lacunas, insuficiências na comunicação ecossistêmica. Em segunda instância, são fatores de complexidade, de requinte, de sutileza".

Tentarei, ao longo deste texto, salientar como Freud, mesmo trabalhando com categorias características de seu tempo, de certa maneira já considerava a contradição, a incerteza, o ruído, a multiplicidade, mesmo de forma latente.

Em 1891, Freud produz "Para uma concepção das afasias" (1979), onde as questões que a linguagem suscita já estão presentes. O surpreendente nesse texto – por excelência neurológico/médico – é de abrigar a ideia "neurologia/linguagem", inaugurando, de certa forma, as noções de complexidade que em nosso atual momento histórico aparecem com bastante força. Em Freud (1990m) também se pode reconhecer essa característica; se a neurologia é mantida, de outro lado, ideias como ligação, facilitação, complexos, representação, recalcamento e outros conceitos metapsicológicos já estão claramente presentes.

Desenvolverei cada um desses conceitos. A ideia de ligação – "*Bindung*" – traz consigo os sentidos de junção, de laço. O importante é que já está contido na palavra ""*Bindung*" a noção de laço afetivo, ou seja, a livre intensidade tem de ser atada, fixada, contida. Para que haja organismo, para que haja organização são necessárias conexões de níveis de organizações, como o nível da natureza inorgânica e o nível biológico, o nível psíquico e o nível somático, e assim por diante.

Freud (1990m) diz: "Os neurônios devem ser encarados como partículas materiais" (p. 395). Mais adiante, comenta:

> Em primeiro lugar, o princípio de inércia explica a dicotomia estrutural (dos neurônios) em motores e sensoriais como um dispositivo a neutralizar a recepção de Qn, através de sua descarga. O movimento reflexo se compreende agora como uma forma estabelecida de efetuar essa descarga: o princípio dá o motivo do movimento reflexo. Se retrocedermos ainda mais, poderemos, em primeira instância, vincular o sistema nervoso como herdeiro da instabilidade geral do protoplasma, à superfície externa irritável (de um organismo), que é interrompida por extensões consideráveis de superfície não irritável. Um sistema nervoso primário faz uso dessa Qn assim adquirida para descarregá-la nos mecanismos musculares através das vias correspondentes, e desse modo se mantém livre de estímulos. Essa descarga representa a função primordial do sistema nervoso. É a essa altura que se pode desenvolver uma função secundária, pois, entre as

> diversas vias de descarga, são preferidas e conservadas as que acarretam a interrupção dos estímulos: fuga do estímulo. Em geral, aqui se verifica uma proporção entre a Q de excitação e o esforço requerido para a fuga do estímulo, de modo que o princípio da inércia não fique abalado com isso. (p. 397)

Como as representações são atadas e conectadas nesse contexto de ligação? Como isso tudo está imbricado na relação possível produzida entre o representacional e o afetivo?

Freud (1990h) propõe que para que haja o surgimento do eu há a necessidade de um novo ato psíquico, que funcionaria como organizador do autoerotismo, as vivências de corpo despedaçado sem registros representacionais em palavras. Nesse momento tem-se a possibilidade de instauração do narcisismo; portanto, uma conexão entre autoerotismo e narcisismo sempre mediada pela função materna. Começa a aparecer a ideia de compromisso no contexto da organização na relação, a necessidade do outro para que haja uma organização, uma auto-organização.

O termo "ligação" é importante para começar-se a trilhar o caminho em direção ao conceito de complexidade, que será exaustivamente aqui tratado. Porém, gostaria de salientar que a palavra "ligação" tem utilização em áreas da química, da física, da tecelagem, no sentido daquilo que enlaça, que tece. Essa extensão avança na biologia, com a expressão "tecido conjuntivo". A palavra "ligação", em síntese, relaciona-se com atar e desatar, com trânsito e com fluxo.

O radical *Bahn* da palavra *Bahnung* (facilitação) significa pista, caminho aplainado, estrada. Facilitação seria um ato de abrir pistas ou um ato de abrir vias de trânsito. As interligações nervosas entre neurônios em um nível marcam uma organização, e o trânsito/conexões entre representações estabelecem outro nível de organização.

Freud, em 1895, escreveu:

> A ideia de combinar essa teoria da Qn com a noção dos neurônios, estabelecida pela histologia contemporânea, constitui o segundo pilar dessa tese. A essência dessas novas descobertas é a de que o sistema nervoso se compõe de neurônios diferentes, homogêneos em sua estrutura, que se mantêm em contato mediante uma substância estranha, terminando uns sobre os outros como se fossem sobre pedaços de tecido estranho nos quais se acham estabelecidas determinadas vias de condução, no sentido de que eles [os neurônios] recebem [estímulos] através dos processos celulares [dendritos] e [deles se descarregam] através de um cilindro-eixo [axônio]. Além disso, possui inúmeras ramificações de vários calibres. (1990m, p. 391)

Freud captou, no próprio interstício do orgânico no registro do biológico, esses *desdobramentos* contidos na palavra "facilitação", e a partir daí a teoria que começou a criar mostra claramente que a complexidade já estava começando a aparecer de forma embrionária.

Gostaria de ressaltar aqui uma diferença que considero fundamental entre metáfora e desdobramento.

A metáfora tem por característica o emprego de uma palavra ou expressão em um sentido diferente, porém usada por semelhança, como, por exemplo, "a pele é o manto do corpo". O desdobramento se expressa em uma passagem de fase em níveis diferentes de organização; por exemplo, a água quando está em cada um de seus estados – sólido, líquido ou gasoso – apresenta propriedades diferentes, como a agregação das moléculas, a temperatura, a transparência e outras características. Entretanto, ela se mantém como água. Um observador reconhecerá essas características de seu estado e não a confundirá com outra organização nesses desdobramentos que ela sofreu. Portanto, são várias as formas de se articular dentro de uma mesma organização.

O campo da biologia, em especial a embriologia, pode nos mostrar um caminho para compreendermos melhor uma figura fractal que quero propor. A grande dicotomia entre superfície e profundidade, entre dentro e fora, pode ser superada quando pensamos os primeiros desdobramentos que sofre o zigoto. Os folhetos germinativos se transformam através de desdobramentos. As passagens dessas quatro etapas – mórula, gástrula, blástula e nêurula – são possíveis de ser pensadas na elaboração do conceito de *dobra*. Uma forma de integrarmos o superficial e o profundo é através da concepção do conceito de dobra.

Nesses primeiros movimentos auto-organizativos do embrião, que provêm do encontro ao acaso de um espermatozoide e um óvulo, a vida começa a desdobrar-se e o produto de todo esse processo de desdobramentos, no caos do ser humano, é o nascimento de uma criança.

O ectoderma, que é o folheto embrionário mais externo, e do qual derivam a pele e o sistema nervoso central, é o exemplo mais claro de que não há uma divisão entre superficial e profundo e o dentro e o fora. Quero propor uma figura fractal para esclarecer esse processo. O fractal é uma possibilidade de captação do infinito com uma pequena fórmula ou forma.

A forma é a:

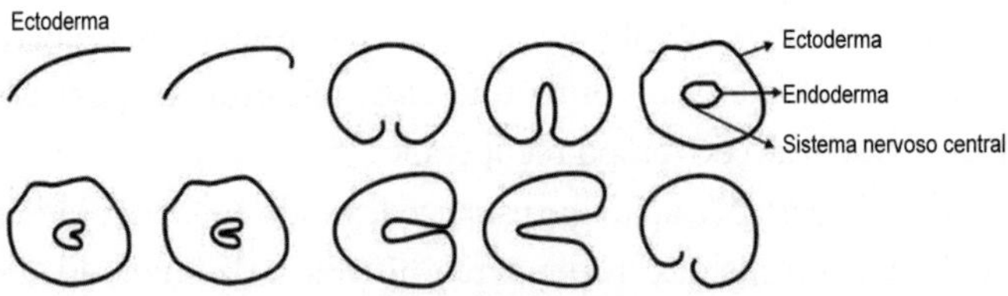

Forma Fractal do Desdobramento

Essa forma embrionária mostra, através de dobras, como o ectoderma evolui para endoderma. Mediante invaginações a interioridade e a exterioridade se intercambiam e isso ocorre num movimento sem solução de continuidade. Essa figura é o fractal que nos mostra como as intensidades (num jogo vetorial) se organizam com uma regra bastante simples: *sucessivas invaginações gerando organismos complexos*.

Essa figura fractal das dobras que aparece nos processos embrionários também esteve presente em outros acontecimentos, como na formação da própria Terra. Nos dias atuais observamos esses acontecimentos nos cortes longitudinais das montanhas que nos mostram como foram formadas por esses processos de desdobramentos.

Na literatura também observamos esses desdobramentos, como na obra do Proust. No capítulo "O tempo recuperado", do livro *Em busca do tempo perdido*, damo-nos conta de como, pela linguagem dos sistemas de signos, conseguimos ter acesso a essas dobras que continuam a pulsar no presente como um tempo recuperado.

Auto-organizações são possíveis e constituídas por esses desdobramentos. Atualmente, analisando esses acontecimentos, podemos "ver" seus primórdios. Eles não estão no passado. Esse é o sentido de tempo recuperado.

Freud constrói o aparelho psíquico levando em conta a ideia de dobras contida nas vivências pré-históricas da humanidade. É por esse motivo que usa alegorias arqueológicas, mostrando que nos confins do inconsciente há dobras ancestrais. Isso não significa que para ele o passado está morto e em um tempo perdido, e sim nos mostra desdobramentos vivos num presente histórico.

A figura de linguagem *desdobramento* nos propicia a atualização desse pulsar ancestral.

Em um caso clínico, a analisante chegou com a história de culpa que sentia por ser obrigada a roubar objetos de sua mãe, e esse foi o motivo que a trouxe a mim. As sessões de análise eram pagas mensalmente. O primeiro mês ela pagou. Veio até o fim do segundo mês, portanto, estava me devendo um mês. Ela não apareceu mais. Os telefones que me forneceu não eram seus, assim como o endereço. Ela sumiu sem deixar o menor rastro e nunca mais apareceu. A intenção explícita dela era resolver a questão do roubo. Isso se atualizou na relação transferencial. O gozo dessa repetição também se desdobrou nessa relação. Assim sendo o desdobramento foi possível, mas nesse caso, a elaboração não.

As dobras e o desdobramento são formas de vislumbrar o infinito, pois esses encadeamentos não têm começo nem fim.

A fecundação é o começo da formação do embrião, mas esse processo começou em flutuações cósmicas em tempos insondáveis. O processo da morte do ser vivo também continua com degradações e composições de outras substâncias que caminham rumo ao infinito.

A forma fractal que estou propondo é a forma que contém a vida, pois essa forma já está contida no embrião.

Em outros campos, como o filosófico e o poético, esta noção também está contida. Na afirmação de Nietzsche, em "Nietzsche contra Wagner", ele diz: "Os gregos eram superficiais... por profundidade" (*apud* Merleau-Ponty, 2002). E Paul Valéry nos diz: "O mais profundo é a pele" (*apud* Merleau-Ponty, 2002).

Assim sendo, a "*Bahnung*", como ato de abrir pistas, caminhos, rotas, condiciona uma direção, a qual traz uma mudança de fase em um sentido físico e/ou uma metamorfose no sentido biológico.

No universo psíquico teríamos organizações neurológicas que se podem desdobrar em organizações psíquicas. Com isso, não se pretende fazer uma biologização do psiquismo, e sim mostrar níveis de organizações desdobradas.

A palavra "*Bahn*" é também um termo médico-neurológico do século XIX, que designa as vias nervosas. Estas vias que se cruzam, que se interligam, conduzem-nos atualmente a produzir a ideia de redes, "net".

Freud (1990m) percebeu essa relação da "*Bahnung*" biológica, neurológica, desdobrando-se para formular o arcabouço do aparelho psíquico, usando concretamente a palavra "*Bahnung*" para designar via, caminho, trilha indicada de ligações neuronais. A "*Bahnung*", como instalação de vias, instaurava traços, rastros, pistas. Esse conjunto (atualmente pensaríamos no genoma humano, no universo do DNA) produz uma rede. Nesse texto, Freud acentua a conceituação da memória orgânica, evidentemente; contudo, é do desdobramento tópico, econômico e dinâmico que tudo isso é posto. Os desdobramentos seguirão por toda a obra, como processo associativo, traço mnêmico, associação, resistência...

Em Freud (1990j), a palavra "*Bahnung*" se ligará à ideia de condensação e de deslocamento, que servem de vias facilitadoras para percorrer a rede de associações e para investir representações que não entram em conflito com a censura. A essa altura, o desdobramento que criou a linguagem, a qual tem como características o código, sistema de signos e ordem simbólica inserida na cultura já está posto, e isso antes de

Ferdinand Saussure escrever o *Curso geral de linguagem*, que abre imensos caminhos para a linguística (Ducrot & Todorov, 2007, p. 104).

Freud (1896) traz claramente a ideia de um aparelho psíquico em que a linguagem está produzindo efeitos claros para a produção de uma neurose. Portanto, há uma clara articulação neurose/linguagem.

> As ideias obsessivas, reconhecidas pela análise em seu sentido íntimo, reduzidas, por assim dizer, à sua mais simples expressão, não são senão reprovações que o sujeito se dirige pelo gozo sexual antecipado, se bem que as reprovações desfiguradas por um trabalho psíquico inconsciente de *transformação* e *substituição*. (p. 284, itálico meu)

Esta citação foi elaborada logo após o "Projeto para uma psicologia científica" (1990m), tido como o arcabouço teórico do aparelho psíquico.

Freud (1990f) comenta que "as histéricas mentem", esboçando a ideia de que as lembranças que suas analisandas traziam nem sempre haviam ocorrido em seu cotidiano e, muitas vezes, haviam transcorrido só em seu universo psíquico, em seu mundo fantasmático, começando, assim, a esboçar o conceito de realidade psíquica e, latentemente, o conceito pilar de complexo de Édipo.

O século XX foi extremamente fecundo para a Psicanálise, com "A interpretação dos sonhos". Este texto é um marco fundamental para a Psicanálise, considerando os quatro elementos, a saber: condensação, deslocamento, possibilidade de simbolização e elaboração secundária conceitos norteadores para esse novo conhecimento (que, a essa altura, não tinha ainda duas décadas de existência), com forte acento no representacional.

No caso Dora, o conceito de transferência ainda não era empregado. Aliás, é a partir desse estudo que Freud mergulhará fundo nesse conceito. Sua obra deverá entrar no século XXI com grande vitalidade e potencialidades para mutações; portanto, uma obra aberta, não dogmática.

Voltando ao início do século, logo o conceito de narcisismo entrará em cena. As questões do eu e do outro, suas identificações e suas possibilidades organizativas com a cultura inauguram uma nova possibilidade para a criação e a produção da subjetividade.

A questão pulsional está presente em toda a obra de Freud; começa com as pulsões de autoconservação e pulsões sexuais. Evolui para pulsões do ego e pulsões sexuais. A última concepção de Freud é a que opõe as pulsões de vida às pulsões de morte. Essa última concepção trará grandes transformações teóricas em sua obra. O peso dado ao sexual será relativizado e a pulsão de morte – como produção e criação – ocupará um grande espaço.

Esse texto começa com alguns *flashs* de como alguns conceitos fundamentais se historicizaram para que possamos, um pouco mais adiante, trabalhá-los com mais profundidade, porém agregados aos conceitos da teoria da complexidade, os quais não estavam elaborados no tempo de Freud.

Ele vai compondo a Psicanálise como uma grande sinfonia. Não se intimida, em seus textos, de recorrer aos filósofos gregos pré-socráticos e socráticos, quando estes são necessários para dar mais um acorde. Nessa medida, ele percorre a filosofia e a literatura; a ciência de sua época é exaustivamente trabalhada. Explora o cotidiano, as artes plásticas e todos os campos do conhecimento que estão a seu alcance. Assim, produz um método para esse novo campo do conhecimento que está sendo criado. Esse método, em suma, é extremamente novo e empolga o mundo com ideias revolucionárias. Porém, para sua época, impregnada de determinismo, isso foi visto com muita desconfiança, como falta de rigor científico. Mas que concepção de ciência estaria na base desse julgamento?

O início do século é extremamente determinista. As ideias newtonianas e laplacianas são as dominantes. Freud tenta se enquadrar nesses rigores, porém deles escapa a todo momento.

Naquela altura, o conhecimento está, do ponto de vista epistemológico, compartimentalizado, cada campo do conhecimento devendo ter fronteiras precisas. A biologia, a física, a química eram vistas em seu universo particular e as ciências da natureza deveriam ser completamente separadas das ciências humanas. Nada de articulações, nada de complexidade.

Porém, alguns autores do início do século, como Ludwig Boltzmann, Henri Poincaré e Freud, estão atentos à metamorfose que a ciência está sofrendo, isto é, à passagem do determinismo ao acaso, levando em conta a irreversibilidade do tempo. Prigogine afirma:

> O paradoxo do tempo só foi articulado tardiamente, na segunda metade do século XIX, graças aos trabalhos do físico vienense Ludwig Boltzmann. Ele acreditara poder seguir o exemplo de Charles Darwin na biologia, e fornecer uma descrição evolucionista dos fenômenos físicos. Sua tentativa teve como efeito pôr em evidência a contradição entre as leis da física newtoniana, baseadas na equivalência entre passado e futuro e qualquer tentativa de formulação evolucionista que afirme uma distinção essencial entre o futuro e o passado. Na época, as leis da física newtoniana eram aceitas como expressão de um conhecimento ideal, objetivo e completo. (1996, p. 10)

Em 1905, Poincaré assinala, com muita precisão, a necessidade de criação de uma nova mecânica. No bojo dessas ideias trafega pela concepção de verdade e pelas possibilidades do progresso da ciência. Sobre a verdade, diz:

> Quando falo aqui da verdade, sem dúvida quero falar primeiro da verdade científica; mas quero falar também da verdade moral, da qual o que chamamos de justiça não é senão um dos aspectos. Parece que abuso das palavras, que reúno sobre o mesmo nome dois objetos que nada têm em comum; que a verdade científica, que se demonstra, não

> pode de modo algum aproximar-se da verdade moral, que se sente. Contudo, não posso separá-las, e aqueles que amam a uma não podem deixar de amar a outra. (1995, p. 5)

Com este pensamento começa-se a aproximar a ciência da cultura e da construção da ética, das leis, ao invés de pensá-las como leis eternas e válidas em todos os contextos. Nesse sentido, alertará em alguns parágrafos adiante, que:

> Os progressos da ciência parecem pôr em perigo os mais estabelecidos princípios, inclusive aqueles que eram encarados como fundamentais. Nada prova, contudo, que não se chegará a salvá-los; e mesmo que só se consiga fazer isto imperfeitamente, ainda subsistirão, embora transformados. Não devemos comparar a marcha da ciência com as transformações de uma cidade, onde os edifícios envelhecidos são impiedosamente demolidos para dar lugar a novas construções, mas sim com a evolução contínua dos tipos zoológicos, que se desenvolvem sem cessar e acabam por se tornar irreconhecíveis aos olhares comuns; mas um olho experimentado reencontra sempre os vestígios do trabalho anterior dos séculos passados. Não se deve crer, pois, que as teorias antiquadas foram estéreis e vãs. (p. 8)

Numa contemporaneidade fantástica com Freud, o autor mostra, neste parágrafo, uma ciência que considera a evolução e as possibilidades da cultura, uma se intercambiando com a outra. O conceito freudiano de séries complementares (Freud, 1990a) aponta para essa mesma direção, ou seja, como levar em conta o novo e as produções sem deixar de lado a tradição.

Aqui, a palavra tradição vem carregada de sentido de um tempo passado, que deixou marcas e que ficaram registradas. No sentido biológico, as marcas ficam registradas no código genético. No sentido sociocultural ficam registradas numa rede articulada de sistema de signos.

A *produção* e o *novo* estão numa báscula contínua, em perene movimento articulado com a tradição, com a herança. Vamos, aqui, entrelaçar a questão das séries complementares freudianas (que leva em conta as vivências dos ancestrais e as vivências infantis) com a tentativa de Poincaré articular a evolução dentro das ciências como um todo, e não só dentro da biologia.

Freud (1990n) deixa bem claro seu pensamento em relação à ciência:

> Temos ouvido expressar mais de uma vez a opinião de que uma ciência deve ser edificada sobre conceitos fundamentais claros e precisamente definidos. Na realidade nenhuma ciência, mesmo a mais exata, começa com tais definições. O verdadeiro princípio da atividade científica consiste na descrição de fenômenos que logo são agrupados, ordenados e relacionados entre si... A princípio, deve apresentar certo grau de indeterminação... Porém, o progresso do conhecimento não tolera a inalterabilidade das definições. (p. 105)

Temos, então, já em Freud, as postulações que começam a abranger a indeterminação e o acaso, concomitantemente com a questão da herança e da tradição. Esta questão – herança e tradição – é recorrente na obra de Freud: a pulsão como conservadora e como possibilitadora do novo estará sempre na sua mira.

Freud mergulha densamente na cultura, articulando as séries complementares à herança contextualizada na cultura, ou seja: linguagem e pulsões emaranhadas. Dá à palavra uma dimensão pulsional, e diz que toda pulsão é um fragmento de atividade.

Caos/ordem e fractais. A partir disso podemos começar a considerar a pulsão um conceito arco, que estabelece conexões com o caos e com as organizações crescentes em perene movimento.

Podemos nos aproximar das emanações do caos através das organizações fractais. Um fractal é uma forma de visualizar o infinito; é uma possibilidade de captação da complexidade com pequeno número de dados, pois o grau de irregularidade permanece constante em diferentes escalas, mostrando que a natureza exibe uma "irregularidade regular". O conceito de fractal remete a uma primeira unidade de organização a partir da pulsação do caos, e pode também ser concebido como a rota para o caos e para as expressões possíveis emanadas dele.

As organizações fractais são uma forma de ver a repetição diferencial em vez de se deter nos grandes sistemas: estes estão para o século XIX assim como a organização fractal está para o início do século XXI.

Outra ideia fundamental que está presente na complexidade é a de que, na relação entre a parte e o todo não é somente a parte que está contida no todo, mas também o todo está contido na parte. Esta ideia tão fundamental foi também desenvolvida por Mandelbrot, no conceito de fractal, elaborado em 1975. Ele vinha trabalhando com formas e dimensões, propondo uma geometria muito específica em torno de padrões irregulares constantes na natureza. A ideia de fractal contém algumas vertentes:

> A palavra fractal vem do adjetivo *fractus*, do verbo *frangere*: quebrar, fraturar. Um fractal é uma maneira de ver, de visualizar o infinito. O fractal é a possibilidade de captação da complexidade com um pequeno número de dados. Mandelbrot foi além das chamadas uma, duas, três dimensões. A dimensão zero qualifica o ponto. A dimensão um, a reta. A dimensão dois, o plano. A dimensão três, o volume. A quatro, o espaço-tempo. As dimensões fracionárias, ou fractais, são dimensões "entre", por exemplo, entre o um e o dois. São formas extremamente complexas e simples, pois, através de regras simples, se vislumbra o infinito. (Gleick, 1994, p. 94)

Exemplificando: na natureza não encontramos retas, cubos, ou seja, as formas euclidianas, mas árvores, montanhas, litorais, os sistemas vasculares, os brônquios. Essa é a geometria da natureza, e a forma com que ela se expande, movimenta e cria é a de bifurcações. O mais apaixonante é que isso tudo está dentro de uma auto-organização. Assim sendo, o estudo do que chamamos "auto-organizações" e "bifurcações" é fundamental para o pensamento psicanalítico, pois é através desses conceitos que podemos formar outra concepção do que chamamos "história". Todos os novos paradigmas da ciência têm a ver com esse conceito.

A especificação do conceito de fractal é fundamental para nos aproximarmos do conceito freudiano de compulsão de repetição, que, por sua vez, nos conduzirá ao conceito de intensidade. Chamo a atenção para a articulação desses conceitos com a Psicanálise do século XXI.

Nessa "rota para o caos", ou nessa virtualidade que o caos produz – que é fractal – há uma aproximação possível com o conceito de pulsões em Freud (1990n): "A pulsão, por outro lado, não atua como uma força de choque momentâneo; ela sempre atua como uma força constante" (p. 114). Esta frase mostra que a pulsão pode variar nas intensidades, em grau, ao passo que o constante tem a ver com o potencial, com a virtualidade que sempre está presente no organismo vivo.

Na palavra "grau" cabe o sentido de gradação de tons, e estes podem ser tanto no sentido de ritmo, de intensidades em uma escala musical, como também na variação da intensidade da tonalidade das cores. O grau também expressa uma distância no sentido de gerações provenientes de um mesmo tronco.

Também exprime passagem de estados, como do sólido para o líquido ou do líquido para o gasoso.

Assim sendo, nessas passagens não temos uma ideia de linha de fronteira, e sim uma alteração qualitativa, como na passagem da água líquida para o vapor, em que a organização das moléculas da água é mantida, porém temos toda uma alteração do agrupamento da matéria gerando outro estado, em que o comportamento das moléculas é completamente diferente do estado anterior.

A colação de grau também é uma passagem de um sistema para outro. De estudante de medicina, o sujeito se torna médico. Há uma alteração de singularidade qualitativa que modifica radicalmente aquele sujeito.

Estamos falando de sistemas, que nada tem a ver com fronteiras. É nesse sentido que se concentra uma distinção da passagem de um sistema para o outro. Do líquido para o gasoso não se leva em conta uma linha divisória, e sim todo um processo de alterações.

O conceito de pulsão em Freud é certamente mais amplo do que a questão da virtualidade que nele está contida. Ele se estende das virtualidades até as relações objetais. No entanto, a potência e a virtualidade estão latentes neste conceito e passam a ser colocadas claramente quando se postula que a intensidade da pulsão é constante. Esse constante se refere, por exemplo, a uma torneira que não se fecha enquanto houver vida; as variações estão ligadas às intensidades do jorro de água dessa torneira. Portanto, a constância está ligada à duração da vida e à variação articulada às intensidades emanadas por essa virtualidade.

As intensidades nascem em fontes de potências, em usinas e, a partir dessas fontes, se espalham e se difundem. Nesses fluxos de intensidades, elas se expressam em graus. Pensemos no fluxo de um rio. Suas águas têm intensidades. Ora estão em cachoeiras, ora em remansos. Essas águas também carregam entulhos, lixos, assim como oxigênio, sementes e vegetais que alimentam os peixes. Isso tudo está contido nesse fluxo.

Ao analisarmos o devir desse rio, percebemos que, pela análise de sua poluição, podemos saber se a cultura que habita essa região é industrial ou agropastoril e assim por diante. Os fluxos e as intensidades também estão imersos na cultura. Cabe a cada uma delas utilizar esse potencial. A forma desse uso depende de muitos encontros, incluindo o acaso.

A elaboração desses desdobramentos é poder exprimir o que penso sobre transdisciplinaridade.

A transdisciplinaridade é um conjunto que se expressa em fluxos que carregam muitas possibilidades de organização do caos.

Esses fluxos se conectam com outros fluxos e produzem as mais variadas formas. Essas organizações não têm fronteiras claras. Elas têm graus de variações, desdobramentos. A proposta é de um sistema aberto, não linear, que considere as potências, os virtuais, as intensidades e os fluxos.

Esse sistema traz os rastros das histórias das culturas, assim como abrange os aspectos quantitativos tão caros às ciências e tão imprescindíveis. Também considera o sensível, pois a intensidade não é somente medida de força. Ela também se expressa pelo sensível e pelo subjetivo.

Trata-se de um sistema aberto que ultrapassa as categorias separadas sujeito/objeto, dentro/fora, qualidade/quantidade, sensível/racional. Todas essas categorias continuam existindo, porém não separadas como partes, mas como conjuntos articulados por *graus de intensidades*. Isso faz a *diferença.*

O conceito de pulsões se expande da virtualidade – que é da ordem do caótico, do apresentacional – até o representacional. Nesse percurso não linear, trafega das intensidades não representacionais até as relações objetais.

No conceito freudiano de pulsão – que é somatopsíquico – temos quatro elementos organizadores: força, fonte, alvo e objeto. Acredito ser esse o conceito mais amplo na Psicanálise, pois o próprio conceito de inconsciente está contido nele.

Deleuze e Guattari (1992) postulam o conceito de caos da seguinte forma:

> Define-se o caos menos por sua desordem que pela velocidade infinita com a qual se dissipa toda forma que nele se esboça. É um vazio que não é um nada, mas um virtual, contendo todas as partículas possíveis e suscitando todas as formas possíveis que surgem para desaparecer logo em seguida, sem consistência, nem referência, sem consequência. (p. 153)

Para essa conceitualização, os autores se basearam em uma experiência de Ilya Prigogine: trata-se da cristalização de um líquido superfundido, que permanece líquido a uma temperatura inferior à sua temperatura de cristalização. "Num tal líquido formam-se pequenos germes de cristais, mas esses germes aparecem e depois se dissolvem sem gerar consequências" (*apud* Deleuze; Guattari, 1992, p. 153).

Como podemos articular essa experiência de Ilya Prigogine, a conceitualização do caos, e o conceito de pulsões freudianas?

O fundamental desse conceito filosófico não está centrado na questão da desordem, e sim na questão das intensidades e da virtualidade. É um conceito estético, posto que trata da produção de formas e do desaparecimento das formas em concomitância. Daí a ideia de virtualidade.

Na experiência de Ilya Prigogine, portanto, algo ocorre na natureza e servirá para desdobramentos. Pode-se deduzir que, quando se chegou ao estado de germes de cristalizações, isso fatalmente deveria gerar consequências naquela matéria. O surpreendente é que os germes de cristalização desaparecem sem gerá-las. Isso mostra que não há, nesse caso, garantia de persistência para as marcas dessa cristalização. Por isso, Deleuze e Guattari (1992) concluem que essa virtualidade, quando persiste como tal, não deixa rastro algum, "sem consistência, nem referência, sem conseqüência" (p. 153).

Freud inicia o capítulo de "Pulsões e destinos de pulsões" (1990n) tratando de indeterminação; depois, evolui para virtualidade, ao dizer que não se trata de uma força de choque momentânea e, sim, de uma produção constante.

Mas, produção constante de quê? Há duas possibilidades em Freud: a pulsão como conservadora e a pulsão como produção/criação.

A pulsão, como conservadora, consiste em um elo geracional que, através da genealogia do afeto, faz trafegar as séries complementares. A pulsão, como produção/criação, através dos atos produzidos no aleatório e no caos, cria o primeiro jogo autocriado – o *fort-da* freudiano – que também entrará nas séries complementares *a posteriori*. Isso será desenvolvido mais adiante.

Existe uma última concepção de afeto em Freud que aponta para um elo geracional, onde o pré-representacional fica embutido no afeto. É um registro de movimento, de sinfonia:

> Através disso nós nada afirmamos, o que poderia dar à angústia um lugar de exceção entre os estados de afeto. Achamos que também os outros afetos são reproduções de acontecimentos antigos, de importância vital, eventualmente pré-individuais, e nós os comparamos, como típicos e comuns ataques histéricos congênitos, aos ataques individualmente adquiridos mais tarde da neurose histérica, cuja gênese e significado, como símbolos mnêmicos se tornaram nítidos para nós através da análise. (Freud, 1973, p. 274)

Hélio Pellegrino (1987) diz que "a linguagem é a terceira margem do rio, confluência do sonho e da realidade, núpcias da pulsão e do logos, que, no transporte da paixão, engendra o verbo" (p. 321). Assim, mostra que, para se ter o verbo, há a necessidade de um caminho de intensidades que percorre as gerações; aqui e acolá, aparece o verbo, sempre acoplado à intensidade. Assim, temos uma genealogia do afeto entrelaçando as produções/criações no desenrolar da história de cada subjetividade.

Freud abre uma possibilidade para captar alguma coisa da dimensão caótica, portanto não representacional. Estamos mergulhados no apresentacional. Como o apresentacional poderá ganhar representabilidade? A pulsão em Freud é um através, *um conceito arco*, que capta as emanações do caos – sempre fractais – através de seus constituintes: fonte, força, alvo e objeto, estes orquestrando uma movimentação.

As apresentações serão captadas por esse dispositivo pulsional, que não é somente do campo da linguagem, mas trafega nele. Em especial, a pulsão é somatopsíquica; portanto, temos produções de diversas ordens. Essas produções irão desde alterações químicas no corpo, distúrbios metabólicos, produções tumorais, até chegar a expressões simbólicas, como as dos sintomas neuróticos. A clínica articulada com o pulsional abarca todas essas expressões, e não somente as simbólicas.

Para pensar a psicossomática, devemos mergulhar no pré-representacional e no não representacional. Os órgãos ou funções atingidas são assignificantes; precisamos trafegar pelas intensidades pulsionais para melhor compreender essas conexões e integrar a psicossomática no bojo da teoria psicanalítica, pois a vicissitude psicossomática é uma possibilidade de todo sujeito.

As formas fractais, como expressão de criação que advêm do caos, produzem formas que têm uma organização que se repete; porém, como emanação do caos, também surgem configurações novas. A essa altura, precisam de uma conexão mais clara com a Psicanálise: essa conexão aparece em relação aos conceitos de repetição e compulsão de repetição. Esta é uma produção da pulsão de morte, ao passo que a repetição está articulada ao princípio do prazer, em conexão com a pulsão de vida.

As neuroses traumáticas são detectadas pelos dos sonhos traumáticos: estes são tentativas de captar fragmentos (formas fractais) do acontecimento traumático e articulá-lo ao aparelho psíquico. Em si, o acontecimento traumático não dispõe de palavras. Daí a necessidade econômica dos sonhos traumáticos; uma vez repetidos à exaustão, ganham uma nova organização, e essa organização é fractal.

Tal organização mostra como a fragilidade humana e o desamparo estão tentando obter uma simbolização. A crise de pânico é do universo pré-representacional. Só contém alguns fragmentos simbólicos e grandes quantidades de intensidades caóticas. Assim sendo, a vivência de pânico é uma tentativa de elaboração de restos ancestrais vividos pela mãe e que não foram simbolizados.

Tentarei exemplificar com um pequeno fragmento clínico.

Caso clínico

Um engenheiro de aproximadamente quarenta anos, executivo de sucesso de uma grande indústria, começou a ter episódios de pânico no momento em que sua empresa precisou dele para realizar trabalhos rotineiros na China, Hong Kong e Cingapura.

Os episódios aconteciam logo após o *check-in*. Era uma sensação de morte iminente, e de que seu corpo iria desaparecer. Estou dizendo sensação e não fantasia. A sensação é de que ele perderia seu corpo.

Certa vez, na hora do chamado de seu voo, ele ficou tão prostrado que acreditava que não conseguiria chegar ao avião. Foi com muito esforço, acreditando inclusive que claudicava pelo caminho. Chegou a sua poltrona, sentou-se e tudo voltou ao normal. Como sempre, as crises de pânico, de modo geral, não são muito demoradas.

Isso tudo começou a se repetir nos aeroportos através do mundo. Viajava com frequência a lugares distantes, de culturas diferentes, com a finalidade de concluir negociações imperativas para o êxito de seu trabalho.

As viagens eram sempre bem-sucedidas. Ele resolvia tudo com grande eficiência. O enigma era o seguinte: foi sempre um excelente aluno, um filho que acreditava ter dado poucos problemas a seus pais e familiares e sempre teve sucesso econômico e profissional, pois sempre se sentiu uma pessoa bastante responsável.

A grande pergunta que o mobilizou a me procurar como analista foi que ele poderia perder tudo o que já havia conquistado na vida se aqueles problemas vivenciados nos aeroportos atingissem maior dimensão. Tudo aquilo era estranho para ele. Não sentia a menor possibilidade de resolver sozinho seu problema. Daí a necessidade de me procurar como analista.

Como o objetivo deste ensaio não é o de descrever o caso como um todo, vou narrar um sonho que direcionou para a questão nodal dos seus episódios de pânico:

Ele está caminhado em uma rua de mãos dadas com sua mãe quando ela tropeça e cai. Ele pergunta a ela: "Foi tontura ou tropeço?". Ela responde ainda no chão: "Foi tropeço". Nesse momento ela se levanta e ele observa que seu braço está ferido e sangrando.

Pergunto a ele o que associa àquele sonho. Rapidamente traz duas associações:

Na primeira, ele se recorda de que quando estava com catorze anos um amigo de seu pai morreu subitamente, e por coincidência tinha um de seus sobrenomes igual ao de seu pai e, portanto, também igual ao seu. No período da manhã daquele dia, ele foi com sua mãe a esse velório e relata que se sentiu muito bem lá. Pelo caminho conversava alegremente com sua mãe. Não se recorda mais do assunto, mas relata que estava muito feliz. À tarde foi ao enterro com seu pai. Na hora do sepultamento teve uma sensação de desmaio, o que o fez sair correndo e ir até o carro e lá ficou aguardando seu pai.

O que me pareceu paradoxal foi que na hora da sensação de desmaio ele saiu correndo.

A segunda associação é a de que quando era pequeno vivia no colo da mãe e de suas amigas. Diz que era uma criança afetiva e afável.

Alguns dias depois desses relatos, ele fala que sua irmã – cerca de dez anos mais velha que ele – contou-lhe um fato que o deixou perplexo. Ela lhe disse que quando ele era pequeno fugia muito de casa e que isso deixava a mãe desesperada. A mãe era uma mulher afetuosa, mas muitas vezes perdia o controle e ficava agressiva. Sua irmã lhe conta que, numa das vezes em que ele fugiu, ambas – a mãe e a irmã – encontraram-no em uma rua próxima e nesse momento a mãe lhe deu um tapa tão forte que ele caiu no chão com muita força. Sua irmã teve uma forte lipotimia e também quase caiu ao presenciar aquela cena.

A mãe, muito confusa nesse momento, pegou-o no colo e a puxou pelo braço. Correram para casa. Isso que a irmã lhe contou foi de grande valia para ele construir sua própria narrativa. A única coisa que ele acredita lembrar-se desse dia que a irmã lhe contou, é de ele estar na cozinha chorando com uma outra irmã que o consolava.

Em uma das sessões seguintes, ele me conta: "Sempre fui uma criança curiosa que queria conhecer o mundo. Por isso naquela história que minha irmã me contou, eu me reconheci totalmente. Sempre queria ir além dos portões e imaginei que aquele dia era um dia de sol e eu andava feliz vendo o azul do céu, as copas das árvores, os jardins e as pessoas. Naquele momento minha mãe chegou sem que eu me desse conta e me deu um tapa na cabeça, que me fez desfalecer e depois me pegou no colo com carinho".

A agressividade e a afetividade que eram marcas de sua mãe sempre lhe confundiram e lhe produziam angústia. Isso me mostrou que seu pânico tinha uma marca ancestral em sua mãe em relação à forma como ela lidava com as separações. Segundo o relato de meu analisante, a separação de seus avós maternos era assunto que angustiava sua mãe.

Num certo dia, ele me disse que o "X" da questão estava ficando claro: Quando foi ao enterro, ele imaginou que era o pai que estava sendo enterrado e isso o apavorou.

Trabalhamos esse assunto por várias sessões e o que veio à tona foi exatamente o oposto: se ele estava feliz no período da manhã com a mãe e não havia tido nenhuma angústia, isso deveria mostrar para ele o incômodo de ter um pai naquele momento.

O sonho mostra a questão nodal. O gozo que ele sentiu aconchegado pela mãe após aquele tapa foi muito intenso e impossível de ser simbolizado naquele momento devido às altíssimas intensidades envolvidas naquele acontecimento que foi contado a ele pela irmã. Outra questão é a do desejo de que o pai morresse quando ele tinha catorze anos e que não podia ser sustentado por ele naquele momento. A sensação de morte, própria do pânico, já estava sendo orquestrada há muito tempo.

Voltando ao sonho: ele pergunta para a mãe se foi tropeço ou tontura. Nesse momento já estou falando de uma mãe internalizada, pois já se trata de um sonho de mais de trinta anos após o acontecimento, portanto com muita elaboração onírica por esse espaço de tempo. Temos de levar em conta também todo o processo transferencial em que ele estava mergulhado naquele momento.

A mãe internalizada responde que foi tropeço. Isso mostra que naquele momento ele está processando a ruptura da simbiose com a mãe, pois, se fosse respondido tontura, o gozo dessa relação materna estaria presentificado, mantendo a situação do pânico.

Concluindo: Trouxe este pequeno fragmento de análise que consta de um sonho e da narrativa da irmã.

A forma com que ele reconstrói esse acontecimento que não faz parte da sua memória consciente, pois foi contado por sua irmã, cria uma narrativa em que ele se apropria de tudo isso no seu percurso transferencial-analítico.

Todo esse conjunto constitui um núcleo auto-organizativo que se relaciona com o outro, mas que concomitantemente rompe com esse outro possibilitando uma simbolização, quando antes só havia intensidades e restos pré-representacionais. Isso cria a possibilidade de um tempo reencontrado.

A forma fractal, como pré-representacional, faz a conexão entre o acontecimento traumático intenso e o restante da vida psíquica, produzindo o sonho traumático, que não é realização de desejo, e sim a possibilidade de instauração de marcas em um universo representacional contido no sonho traumático. É essa compulsão de repetição que colocará no aparelho psíquico a possibilidade de flagrar o acontecimento intenso. Se este ganhar marcas no aparelho, pode-se ver a positividade da pulsão de morte, pois a compulsão de repetição é a fórmula mais pura que temos de expressão desta pulsão.

Dentro do aparelho psíquico, esse novo que foi introduzido em forma fractal (proveniente do acontecimento traumático) será integrado. Estamos, então, diante de um aparelho criativo, e não somente repetitivo, e que também se orquestra nas intensidades pulsionais assignificantes. As formas fractais produzidas no e pelo caos podem ser capturadas e, depois, repetem – em diversas escalas – uma forma. Isso entra em conexão com pontos de fixação que, uma vez produzidos no acontecimento, repetem diferencialmente algo da intensidade do acontecido, numa tentativa de integração. O caos disruptivo, que transborda toda a possibilidade de ordem, pode ser a via para repensar a Psicanálise, já densamente mergulhada na cultura e articulada com a complexidade.

Para compreendermos a complexidade/Psicanálise devemos aproximá-la da ideia de conexões, de articulações claras, de níveis organizacionais, de auto-organização, produção e evolução.

Na complexidade, o conhecimento necessita do autoconhecimento. Há uma necessidade de aprofundarmo-nos nas questões do movimento, de como flagrar o movimento dentro do movimento e não congelá-lo.

A noção de contradição também é fundamental para compreendermos a ideia de complexidade e de sistemas abertos, pois está não além da lógica aristotélica, mas aquém de qualquer lógica. Quando estudamos o campo pulsional temos de considerar todos esses aspectos.

A conexão pulsional/complexidade levará à produção de novos conhecimentos que, na antiga epistemologia, ficavam asfixiados. O aparelho psíquico, para ganhar uma dimensão complexa, tem de ser visto como tendo características de um sistema aberto, estabelecendo suas conexões com a cultura. Um sistema aberto está sempre podendo se arejar com outras variáveis; não recusa o novo.

O determinismo muitas vezes fecha o sistema, estabelecendo relações de causa e efeito. Isso deve ser superado, pois, com o determinismo fechado, não poderíamos compreender nem mesmo as séries complementares freudianas, que articulam o vivenciar pré-histórico com as vivências infantis e com o cotidiano da vida para a produção do sujeito. Esse sujeito que Freud postula traz a tradição e a herança, articula-as com sua infância, vive seu tempo e assim se produz como sujeito historicizado em sua época.

A compulsão de repetição deve ser separada do conceito de repetição. A repetição aparece em Freud desde o início de sua obra e sempre articulada ao princípio do prazer. A concepção de compulsão de repetição aparecerá em "Além do princípio do prazer" (1990l) e estará articulada à pulsão de morte. Assim sendo, a repetição está articulada ao princípio do prazer e à pulsão de vida; a compulsão de repetição está articulada ao além do princípio do prazer e à pulsão de morte.

Essa diferenciação é fundamental para podermos começar a esboçar a ideia de um "pré-representacional" e sua relação com o registro das representações. No texto acima citado, Freud (1990l) postula as neuroses traumáticas, portanto, de intensidades e não de representabilidades. Após essa explanação, ele traz a ideia de como surge o primeiro jogo autocriado de uma criança. Primeiro jogo e autocriado são ideias que estabelecem uma distância com o determinismo fechado e levantam de imediato a questão da criação. A questão da compulsão de repetição na Psicanálise sempre ficou muito ligada à pulsão de morte, mas em seu aspecto mortífero e empobrecedor.

Nesse texto, Freud está dando grande ênfase ao primeiro jogo autocriado. Ele está esboçando a ideia de possibilitar o surgimento do simbólico, na espécie humana, por meio do jogo de intensidades; daí, o início do texto estar pautado pelas neuroses traumáticas; move-se, então, através das relações entre intensidades traumáticas e possibilidades de produção e criação.

Prigogine (1996), através de seu conceito de estruturas dissipativas, mostra como nos sistemas que caotizaram (portanto, sistemas de pura intensidade, pura virtualidade, onde nenhum caminho pode se predizer) surgem, espontaneamente, estruturas dissipativas que são novas, disruptivas e inesperadas. São potências, são virtualidades de que podem devir organizações. "A atividade humana, criativa e criadora, não é estranha à natureza. Podemos considerá-la como uma amplificação e uma intensificação de traços já presentes no mundo físico e que a descoberta dos processos longe do equilíbrio nos ensinou a decifrar" (p. 10).

Nesta citação, de 1996, Prigogine está intimamente conectado com Freud, em "Além do princípio do prazer", texto no qual articula a neurose traumática com circunstâncias nas quais o aparelho psíquico está mergulhado em intensidades caóticas. "Creio que podemos nos atrever a conceber a neurose traumática comum como o resultado de uma vasta ruptura da proteção antiestímulo" (Freud, 1990l).

Aqui começa uma elaboração fundamental, em Freud, que tenta mostrar como, através de uma grande intensidade, o aparelho psíquico, que já tem uma organização, caotiza-se frente a essa intensidade. O aparelho psíquico não tem como defender-se, com o medo ou com a angústia, desse abrupto, dessa surpresa diante da qual depara. Portanto, postula essa vivência como terrorífica, levando a sua caotização. Como o aparelho caotizado encontra uma possibilidade de organização? Essa possibilidade chama-se *compulsão de repetição*, que é um fragmento do acontecimento que tentará marcar, produzir um traço, neste aparelho psíquico. Essa marca, esse traço, deverá ser produzido no id e a consequência dessa marca aparecerá na compulsão de repetição dos sonhos traumáticos e em qualquer compulsão de repetição que não necessariamente venha pela via do sonho. O sonho traumático não é realização de desejo, mas produção/criação de uma fração do acontecimento que entrará nos sistemas psíquicos nas altas intensidades, mostrando que estes sistemas são abertos ao acontecimento e inseridos na cultura.

É nessa situação que a intensidade produz o novo. No caso, o novo é a compulsão de repetição, que capta uma fração do acontecimento e tenta marcá-la no aparelho psíquico. Podemos captá-la na forma de compulsão de repetição, que é uma produção da pulsão de morte.

Diz Freud: "Opinamos que também os outros afetos são reproduções de acontecimentos antigos, de importância vital, pré-individuais [...]" (1990g, p. 126).

Portanto, a compulsão de repetição nos remete às intensidades da neurose traumática, mas também a uma arqueologia do aparelho psíquico. Mostra-nos que esse aparelho é aberto, pois o acontecimento o transforma; mas, também, que ele traz níveis de organização bastante arcaicos, pré-históricos, ancestrais.

Em Freud (1990e) encontra-se uma conexão com essa ideia:

> As vivências do ego parecem, a princípio, estar perdidas para a herança; mas, quando se repetem com bastante frequência e com intensidade suficiente em muitos indivíduos, em gerações sucessivas, transformam-se, por assim dizer, em vivências no id, que é capaz de ser herdado, acham-se abrigados resíduos das experiências de incontáveis egos; e quando o ego forma o seu superego a partir do id, pode talvez estar apenas revivendo formas de antigos egos e ressuscitando-as. (p. 39-40)

Chegamos a um momento onde temos um Freud que trabalha muito com o representacional e o apresentacional; em "Além do princípio do prazer" (1990l) há claros indícios de como a intensidade pode ganhar representabilidade. A partir dos nossos dias, temos que pensar o representacional como um sistema aberto e criativo e não como espelho do mundo real.

O representacional não é o espelho do real, posto que ele também advém de encontros e acasos. Um representacional assim pensado não é só produto especular. Ele está contido na ordem simbólica da cultura, que está em movimento e se desdobrando, não só se especularizando, pois os encontros e os acasos das palavras produzem os lapsos, abrindo o sistema também para o campo representacional e simbólico. O acaso abre o sistema. O determinismo clássico fecha, exatamente por não considerar o encontro e o acaso, contidos no acontecimento.

O acontecimento é uma irrupção, portanto, da ordem do acaso, do caos e do encontro. Opera-se, aqui, com uma dimensão do real como possível de apresentação e apreensão. Um real é tido, então, como aquilo que se introduz na individualidade, produzindo nesta uma ruptura e instaurando possibilidades de novos acontecimentos.

Ao introduzirmos a questão do real como acontecimento, temos de fazer uma digressão a respeito das antigas concepções da ciência clássica, a qual separava radicalmente sujeito e objeto. Erwin Schrödinger (1997) trabalha essa questão:

> Coloco, por assim dizer, meu próprio eu sensível (que havia construído esse mundo como um produto mental) de volta nele – com o pandemônio de consequências lógicas desastrosas que fluem da cadeia supracitada de conclusões errôneas. Iremos abordá-las uma a uma; por ora, gostaria apenas de mencionar as duas antinomias mais conspícuas devidas à nova percepção do fato de que um quadro moderadamente satisfatório do mundo só foi alcançado pelo elevado preço de nos retirarmos a nós mesmos do quadro, decaindo para o papel de observador desinteressado. (p. 132)

A ciência, em seu transcorrer histórico, precisou, por longo período, deixar o mundo frio, retirar dele as sensações, os afetos; o mundo se tornou mudo. As intensidades nada têm a ver com isso; intensidade não é energia; ela tem ligação com cores, com musicalidade, com tons, sinfonia, poesia, ritmo. Intensidade tem a ver com compasso, com cadência, com repetição, com a criação e produção de compulsões de repetição que irão se organizar, podendo chegar a uma sinfonia ou a uma simples canção de ninar, dependendo somente desse metabolismo dos acontecimentos dentro da cultura. A intensidade não é mensurável como a energia. *A energia é mensurável, a intensidade é compassada.* Por mais que se queira saber dos decibéis que povoam uma sinfonia, jamais se chegará por essa via a explicar porque essa sinfonia produziu uma lágrima ou um sorriso. Isso não retira a importância da energia e das medições da ciência clássica. Estamos procurando outro conceito (intensidades) diferente dos conceitos clássicos.

Freud (1990d) já caminha nessa direção, mostrando que não se trata da restrita questão quantitativa e mensurável; trata-se, sim, de algo de outra ordem. Assim sendo, postula: "Talvez seja o ritmo, a ordem temporal das modificações, dos aumentos e diminuições da quantidade de estímulo" (p. 166).

A antiga ciência pretendia compreender o mundo natural nesse universo tumular. Essas questões levantam o seguinte problema: a antiga ciência, separando radicalmente sujeito e objeto, trouxe grandes contribuições para a humanidade e, pragmaticamente, ela funciona muito bem para explicar os sistemas fechados e deterministas. Os sistemas caóticos, a produção, a criação, o acaso, ficam fora desses sistemas.

Tomemos como exemplo Einstein, grande pensador e cientista do século XX, que elaborou a Teoria da Relatividade, a qual tanto desenvolvimento científico trouxe a este século. Apesar disso, mantinha um pensamento extremamente determinista, quando diz que:

> Se a lua, enquanto efetua o seu eterno curso ao redor da Terra, fosse dotada da consciência de si mesma, estaria profundamente convencida de que se move por sua própria vontade, em função de uma decisão tomada de uma vez por todas. Da mesma forma, um ser dotado de uma percepção superior e de uma inteligência mais perfeita, ao olhar o homem e suas obras, sorriria da ilusão que esse homem tem de agir segundo a sua própria vontade livre. Essa é a minha convicção, embora saiba que ela não é plenamente

> demonstrável. Se pensassem até suas últimas consequências o que sabem e o que compreendem, poucos seres humanos permaneceriam insensíveis a esta ideia, na medida em que o amor de si mesmos não os fizessem rebelar contra ela. O homem defendeu-se contra a ideia de que é um objeto impotente no curso do universo. Mas o caráter legal dos eventos, que se afirma de maneira mais ou menos clara na natureza inorgânica, deveria cessar de verificar ante as atividades do nosso cérebro. (Prigogine, 1996, p. 20)

Atualmente, pensadores como Ilya Prigogine, Erwin Schrödinger, Edgar Morin, Gilles Deleuze, Felix Guattari e outros dão relevância ao caos, ao encontro, à diferença e ao acaso. Essas ideias tão deterministas de Einstein nos mostram como esse pensamento não só tomou conta do século XIX, mas também como foi uma crença fortíssima do século XX. Em sua própria citação, Einstein diz que sua convicção não é plenamente demonstrável, pois escapa da lógica matemática que ele usava.

Não havia nenhum espaço para se pensar a produção/criação nessa concepção fechada no determinismo. Na natureza inorgânica não caberia nenhuma produção do novo, e na biologia não caberiam mutações ao acaso.

Estamos trabalhando em um universo onde sujeito e objeto estão radicalmente separados.

Falemos de Schrödinger, que tem o pensamento do pesquisador que está voltado para o microcosmo e tem como produção a equação que norteia a física quântica. Em suas concepções, ele trabalha profundamente essa relação sujeito/ objeto e pode nos oferecer concepções mais criativas sobre essa questão. Ele diz:

> Afirma-se que as recentes descobertas na física avançaram até a misteriosa fronteira entre o sujeito e o objeto. Essa fronteira, assim nos dizem, não é uma fronteira nítida de fato. Somos levados a entender que nunca observamos um objeto sem que ele seja modificado ou tingido por nossa própria atividade ao observá-lo. Somos levados a entender que, sob o impacto dos nossos refinados métodos de observação e de pensamento sobre o resultado dos nossos experimentos, aquela misteriosa fronteira entre sujeito e objeto foi derrubada. (1997, p. 139)

Temos, aqui, um pensador que concebe sujeito e objeto sem fronteiras e, isto, no pensamento científico. Outra citação bastante contundente é que:

> O mundo me é dado somente uma vez, não uma vez como existente e uma vez como percebido. Sujeito e objeto são apenas um. Não se pode dizer que a barreira entre eles foi derrubada como resultado da experiência recente nas ciências físicas, pois essa barreira não existe. (Schrödinger, 1997, p. 140)

Gostaria, agora, de voltar ao início das proposições freudianas contidas no início deste texto. Na ideia de narcisismo, há toda uma concepção de eu e de outro e toda a ideia de inseparabilidade que poderíamos articular entre eu/outro/relação objetal. As relações objetais estão totalmente tingidas das relações narcísicas. Freud percorria esse terreno com muita desenvoltura e tentou mostrar as filigranas desse processo em que não é possível localizar o sujeito e o objeto. Essa articulação sujeito/objeto/meio circundante é sempre uma ideia de relação, de conjunto, de contexto. Então, como vemos, Freud já não traz a ideia de fronteiras.

O próprio ego, nos primórdios, é id que, com os movimentos das séries complementares, pode se organizar e obter diferenciações. Essas diferenciações se rearticularão em uma próxima geração.

Freud introduz, em sua teorização, movimento, combinatória, articulações, trânsito, transmissões, imprecisões e acasos, levando, como consequência, ao bombardeamento total da ideia de indivíduo. A subjetividade, para Freud, é sempre pensada como efeito efêmero de complexas relações em perene movimentação.

A organização da linguagem nas mais diversas culturas habita os corpos que somos, sendo o motor para movimentar nossos desejos. As posições e os lugares em que as intensidades se movimentam são as séries complementares em que a constelação edípica pulsa. Assim sendo, o conceito de pulsões em

Freud é um conceito arco, é um através que capta as emanações do caos (sempre fractais).

As características que Freud atribui às pulsões são: fonte, força, alvo e objeto. Esse conceito é extremamente amplo e não contém a palavra sujeito. Estabelece-se uma relação com um objeto, porém ele não articula, no conceito de pulsões, a questão sujeito/objeto. É uma ideia de produção/direcionamento/alcance de um alvo e, concomitantemente, isso está em andamento enquanto houver vida.

Tentamos mostrar como a Psicanálise estabeleceu conceitos que podem ser importantes na transdisciplinaridade. Sem perder suas especificidades, esses conceitos podem sofrer transformações e mutações neles mesmos, assim como podem transformar, com seu conteúdo, outros conhecimentos e disciplinas.

Da maneira como Freud concebeu o método psicanalítico, a complexidade esteve presente, ainda que de forma latente. Isso já foi uma grande antecipação.

O dia se desenrola em horas
A noite o desembrulha

4.

Dobras

"A vida é como andar de bicicleta.
Para manter o equilíbrio é preciso se manter em movimento".
Albert Einstein

As dobras remetem-nos ao Barroco, cujas características básicas são o dinamismo do movimento com o triunfo da linha curva.

As dobras remetem-nos também à embriologia, onde folhetos embrionários dobram e se desdobram. Há um *continuum* entre superfície e profundo, mesclam-se através de movimentos e intensidades.

A pele e o sistema nervoso central têm a mesma origem embrionária. Ambos provêm do ectoderma. Através das dobras rompemos a dicotomia entre o dentro e o fora, o superficial e o profundo.

O espaço desdobrando-se como motor de um sistema psíquico está contido em Freud em sua segunda tópica das concepções psicanalíticas. Nesta tópica, o superego, o ego e o id estão em perene desdobramento. Nessa concepção, o id seria o somatório de uma infinidade de "eus" das gerações anteriores, a filogênese. Esta se desdobra em ontogênese. Somos frutos de desdobramentos. Desdobramo-nos vida afora e transmitimos esses desdobramentos que se criam pela vida. A ênfase é à cultura e não somente às organizações familiares.

Necessitamos, assim, de um conceito de espaço se desdobrando para compreendermos melhor a topologia freudiana.

Pensarmos o corpo, o movimento, as pulsões, as intensidades, é fundamental para compreendermos o conceito de inconsciente como usina de produção, uma usina de intensidades que produzem campos de imanência. No conceito de pulsões, em Freud, tomamos o corpo como campo de intensidades.

Na ideia de desdobramento, o imanente e o transcendente não estão em oposição, pois fazem parte de um mesmo movimento de desdobramentos. Assim como o imanente e o transcendente fazem parte de um movimento do pulsional, sujeito e objeto também são pares que contêm antagonismos e complementaridades, e não são, portanto, entidades totalmente separadas.

Com a criação deste espaço psíquico em perenes desdobramentos, movidos pelas intensidades pulsionais, temos a possibilidade de pensar um aparelho psíquico que também considera a duração do tempo.

Gostaria de recorrer a Bergson, que pensou o tempo como duração, essa duração contida nesse espaço que se desdobra.

Temos um tempo que não é cronológico e um espaço que não é plano, é curvo, e em perenes desdobramentos. É nessa concepção de tempo e nessa concepção de espaço, que quero pensar a possibilidade de um aparelho psíquico.

A duração pertence ao espaço do si mesmo, se exprime por dobras que deixam marcas. Assim como as dobras que encontramos nos cortes geológicos, encontramos dobras marcadas nas séries complementares contidas nesse aparelho.

Como podemos captar e reconhecer essas dobras ancestrais? Elas se atualizam na relação transferencial como precipitados afetivos, portanto, qualidades intensivas que se atualizam.

Em uma sessão de análise, o afeto é atualizado. Temos, portanto, uma sessão de análise como a possibilidade de um virtual atualizar-se no movimento transferencial. A figura intensa ganha vida nesse instante. Ganha outra dimensão. Pode ser atualizada no tempo histórico do analisante e ganhar redes simbólicas nesse sujeito que está sempre se produzindo e, portanto, sempre se organizando na diferença.

A intensidade pode ser caótica ou rítmica. Tem sempre a possibilidade de se atualizar, ou seja, de sair da condição de potencial e aparecer uma figura intensa. Isto é o núcleo do que penso sobre transferência.

Quero exemplificar essa questão recorrendo ao campo da estética, ou, mais precisamente, à produção de Francis Bacon, que é o pintor das intensidades. Em seus quadros frequentemente vemos a repetição de uma organização, que é a seguinte: temos um plano de fundo, um contorno e uma figura. Essa figura é intensa, expressa corpos em campos de força. Ele pinta essas intensidades que captamos através da deformação das figuras ao infinito. Poderíamos pensar que o que Bacon traz de novo é o captar da própria intensidade, a materialização através de sua pintura do próprio afeto, sem nunca perder o movimento.

O virtual atualiza-se e isso é o que eu entendo como trabalho pulsional.

A pulsão é um *através* que capta o pulsar das intensidades corporais – que são as fontes das pulsões – e tenta ligá-las aos objetos. A intensidade pulsional trafega por esse espaço de dobras na duração de um tempo que não é cronológico e sim complexo.

Bergson trabalha com o conceito de impulso vital que, de certa forma, produz a atualização do virtual na duração. Freud trabalha com o conceito arco de pulsões que detalha toda uma topologia de como o virtual se atualiza. São conceitos assemelhados, porém com muitas diferenças (2005, p. 95).

Nas palavras *arco* e *através* existem possibilidades para se pensar a duração que é o tempo em um espaço se desdobrando.

O tempo como duração que se atualiza traz a memória ancestral no instante e, nessa virtualização, atualiza toda essa memória que já se torna outra. Isso é o núcleo do que penso sobre o trabalho pulsional.

A diferença é expressa pelo grau e pelo ritmo da intensidade, que na duração é carreada pelo circuito pulsional.

A pulsão transporta as séries complementares e o novo contido no instante. Esse conjunto é o que se atualiza no instante e pode ganhar o tempo cronológico contido na cultura. Instante, nessa concepção, não são cortes no tempo, e sim precipitados.

As questões da potência, da intensidade e da gênese são noções que já estão presentes no arcabouço das ideias de Nietzsche, Spinoza, Deleuze, Morin e Freud (o da segunda tópica, após os escritos de 1920).

Freud supera a questão platônica da identidade relacionada ao mesmo, isto é, não é mais pensada como repetição e sim como diferença. Porém, mantém a ideia de representação que Deleuze tenta superar. Na representação cabe a síntese disjuntiva, ideia básica para pensarmos um conceito para auto-organização dos sistemas abertos. O inconsciente é uma auto-organização, um sistema aberto vivo.

Erwin Schrödinger foi o primeiro físico a pensar a questão da vida como um cristal aperiódico. Essa ideia é importante para pensarmos o novo no processo de desdobramentos e o inconsciente como produtor de diferenças.

Schrödinger (1997) diz:

> Uma pequena molécula pode ser chamada "germe de um sólido". Partindo desse pequeno germe sólido, parece haver dois diferentes caminhos para construir associações cada vez maiores. Um é comparativamente desinteressante e consiste em repetir a mesma estrutura em três direções. Esse é o caminho seguido por um cristal em crescimento. Uma vez

> estabelecida a periodicidade, não existe tamanho definido para o tamanho do agregado. O outro modo é construir um agregado cada vez mais extenso, sem usar o monótono expediente da *repetição*. Esse é o caso da molécula orgânica cada vez mais complexa, no qual todo átomo e todo grupo de átomos têm uma função própria, não inteiramente equivalente a de muitos outros (como no caso de uma estrutura periódica).
>
> Podemos, muito convenientemente, chamar-lhe um cristal ou sólido aperiódico e expressar nossa hipótese com: acreditamos que um germe – ou, talvez, toda fibra cromossômica – seja um cristal aperiódico. (p. 71, itálico meu)

Essa citação de Schrödinger foi proferida em Cambridge em 1944, anos antes da descoberta da molécula do DNA por Watson e Crick.

A vida está contida nesse "cristal aperiódico". Isso é fundamental para se quebrar a ideia de repetição do mesmo na vida. Na molécula de vida ela é sempre diferencial.

Uma sessão psicanalítica é viva. Portanto, o analista não está lá ocupando um lugar transferencial para repetir e atualizar um passado, apesar disso acontecer muitas vezes. O seu lugar é definido pela quebra do periódico na vida daquele sujeito. O analista e analisante vão propiciar e inventar o novo que pulsa naquela relação, que é concomitantemente transferencial e criativa.

A cristalização inorgânica é mais repetitiva. Na vida, o novo e as mutações sempre estão presentes. Na vida, como um cristal aperiódico, cabe o devir, a duração, o virtual, o pulsional, as intensidades e também o universo representacional.

O pensamento complexo pode ganhar densidade com a ideia de dobra e desdobramentos. Estão presentes no Barroco, na música, na arquitetura, na ciência, na biologia molecular, na embriologia e na filosofia.

As dobras cabem em todas essas expressões do conhecimento e, dentre elas, ressalto a Psicanálise.

A complexidade e a Psicanálise são espaços sem fronteiras, espaços esses que se dobram e se desdobram num devir que se atualiza num instante em perene movimento.

Freud (1990m) tentará uma articulação de suas ideias às ciências da natureza. Porém, o que está sendo produzido é um desdobramento. Na carta de número 27 a Fliess, Freud escreve: "Afinal de contas, queria apenas explicar a defesa, mas, quando vi, estava tentando explicar algo que pertence ao próprio *núcleo* da natureza" (1986, itálico meu).

Um aparelho psíquico, ou melhor, o devir de um aparelho psíquico, estava se desdobrando, como ele mesmo escreve na carta 26.

> [...] a construção psicológica parece em vias de se tornar realidade, o que me dá grande alegria. Claro que por enquanto, nada posso afirmar com certeza. Uma notícia

> categórica nesse sentido equivaleria a levar em um baile um feto feminino de seis meses. (Freud, 1986)

Nessa citação aparece toda a dimensão do devir, que é um tempo que se desdobra e produz novas formas. Das antigas roupagens das ciências da natureza com suas leis eternas e tempo cronológico, começava a surgir outra ideia que é a de devir.

Nesse percurso em desdobramento de um feto a uma moça que vai a um baile existe toda uma alteração do verbo ser quando expresso no presente. Começa a surgir um tempo complexo que se desdobra desde as formas orgânicas até as psicológicas, históricas e culturais.

Ao tentar escrever sobre a arquitetura e construção do "projeto", um conceito de devir foi produzido e essa construção se expressa através de desdobramentos. O "projeto" se metamorfoseará em toda teoria psicanalítica. Isso mostra como foi fecunda essa ideia.

Os neurônios e a energia que circulam por eles, no início de uma forma tão reificada, com o passar do tempo poderá ganhar também a ideia de intensidade que não é sinônimo de energia. A intensidade pertence também ao campo da estética e da linguagem. A partir desse ponto podemos tentar compreender a possibilidade para o surgimento da linguagem humana.

As intensidades que são assignificantes, livres e rítmicas, provenientes de fontes corporais (as fontes corporais estão incluídas no conceito de pulsões) articuladas a uma sintaxe, que provém da cultura, produz significados gerando a linguagem.

A linguagem dessa forma pensada é também uma produção da cultura, encarna nas gerações e está em perene fluxo.

Dessa forma, os idiomas têm organizações sintáticas que podem assemelhar-se, porém não são os mesmos. Isso nos mostra como nas línguas germânicas as palavras se encaixam umas nas outras produzindo significações bastante distintas. No português temos maiores indeterminações. Por exemplo, quando dizemos: "O livro está na mesa", essa mesa pode ter uma gaveta e o livro continua na mesa. Poderíamos dizer "sobre", o que daria mais precisão. O português permite essas variações. Perde-se em precisão, porém se ganha em criatividade.

Não estou dizendo que uma língua é melhor que outra, apenas que são diferentes. Quero mostrar que as línguas não têm estruturas rígidas, e sim que sofrem influência na produção de sua linguagem de fatores vindos da cultura.

O sistema inconsciente está sempre a abalar, a caotizar, a desestruturar a língua oficial em que falamos coletivamente, e através desses tremores provenientes do pulsional (sonhos, lapsos etc.) criam-se novas expressões para aquele sujeito falante, que vai também alterar o léxico oficial.

Não há a linguagem universal. Nas mais diversas culturas, o curso da História sempre provoca mutação na linguagem. Não existem elementos comuns a todas as línguas. A própria negação, tão importante nas línguas latinas e germânicas, expressas pelo signo "não", em peul, língua da África tropical, se dá pela entonação (*apud* Merleau-Ponty, 2002).

O aparelho psíquico formulado por Freud é também um aparelho de linguagem, que leva em conta os acontecimentos, está imerso na cultura, e também é transformado por ela na produção de uma auto-organização.

Esse *auto* não diz respeito só ao sujeito. O universo se auto-organiza, as culturas se auto-organizam, e o sujeito se auto-organiza, mas para o sujeito se auto-organizar, ele tem de estar imerso em todas essas outras instâncias.

Assim sendo, Freud está criando um aparelho psíquico utilizando elementos constitutivos da natureza, por exemplo, a circulação da energia pelos neurônios. Isso se desdobrará num aparelho psíquico mergulhado na cultura, portanto exprimindo-se por uma linguagem, ou seja, num universo de códigos, de sistema de signos e de ordem simbólica mostrando claramente um desdobramento em ação.

Quando falamos de modelos de redes neurais estamos fazendo uma comparação do processamento que ocorre nos computadores aos processamentos que ocorrem no cérebro. Isso também é um desdobramento. O suporte material do cérebro é orgânico. O do computador é metal ou plástico.

Outro desdobramento que ocorre na atualidade é a internet, que é um conjunto de redes de computadores interligados. Essas redes estão imersas na cultura.

É possível perceber a relação de desdobramentos existentes nos exemplos que Freud já estava elaborando, quando na carta de número 27 ele se refere ao *núcleo da natureza* (Freud,

1986). Os núcleos da natureza referem-se a essas questões dos desdobramentos que estou elaborando agora.

Creio que, ao aprofundar o conceito de dobra, pude clarear alguns pontos do pensamento psicanalítico e usá-lo também como uma ferramenta útil nesse ofício impossível.

Avenidas

A ponte que corta a cidade
Não porta seus costumes
A ponte que corta os costumes
Não comporta uma só porta

5.

DEVIR E ACONTECIMENTO[1]

"Não há nenhuma possibilidade de existência desligada e autônoma".
Alfred North

"Sou uma parte de tudo aquilo que encontrei."
José Ortega y Gasset

"Veremos que um dos aspectos dessa transformação teórica é o da descoberta dos limites dos conceitos clássicos que implicavam, para os que acreditavam em sua validade universal, a possibilidade de um conhecimento completo do mundo".
Ilya Prigogine e Isabelle Stengers

O objetivo deste ensaio é fundamentar algumas possibilidades de abordagem psicanalítica das afecções psicossomáticas.

[1] Publicado originalmente no livro *Psicossoma I*: Psicanálise e psicossomática, organizado por Flávio Carvalho Ferraz e Rubens Marcelo Volich. São Paulo: Casa do Psicólogo, 1997.

Para tanto, num primeiro momento, vamo-nos mover num território de intersecção entre dois campos: o *pulsional* e o *biológico/corporal*. Esses campos estão articulados em Freud em dois conceitos: pulsões e séries complementares. Pulsões em Freud é um conceito complexo. Incluem-se nele vários elementos, como força, fonte, alvo e objeto.

Por *força* entendo o universo das intensidades. A força pode ser pensada no campo da física como energia, no campo da estética como o tom de uma cor, ou o som de um conjunto de notas musicais.

A *fonte* é sempre corporal, e uma forma de pensá-la seria atravessada por fluxos de intensidades que se organizam, se desorganizam e se caotizam.

O *alvo* é a rota que esse fluxo toma para alcançar o objeto.

O *objeto* é o lugar onde a intensidade e a significação se efetuam.

O conceito de séries complementares também é composto de muitas interfaces: o constitucional sexual (vivenciar pré-histórico) e o vivenciar infantil, produzindo a predisposição por fixação libidinal, e as predisposições por fixação libidinal e o vivenciar acidental (traumático do adulto), produzindo as neuroses.

Alargarei o conceito de séries complementares para abranger a produção do aparelho psíquico.

Freud (1990a) fornece um esquema bastante claro dessa elaboração:

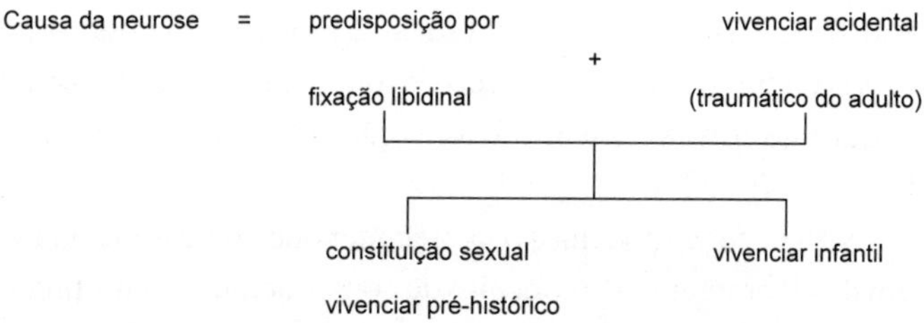

Assim sendo, para a produção de um aparelho psíquico, temos de levar em conta a filogênese (vivenciar pré-histórico), o vivenciar infantil e o vivenciar do adulto. As articulações desses conjuntos produzirão o sujeito.

O conceito de pulsões nesse sentido é mais amplo que o de inconsciente. O corpo, como usina de intensidades, é considerado para termos um inconsciente. Ele é fruto desse corpo pulsante.

Ao tratar do constitucional, Freud (1990a) subverteu as bases estabelecidas para a compreensão desse conceito. Os psiquiatras Kretchmer (1923), Kraepelin (1984) e outros cujos pensamentos preponderavam na época (fim do século XIX, começo do século XX), diziam que o constitucional era herdado de forma independente da cultura. Por exemplo, expressões usadas como taras sexuais seriam transmitidas por via hereditária.

Em "Os caminhos de formação de sintomas", Freud (1990a) deixou bem claro que o constitucional é uma herança, porém uma herança contextualizada pela cultura. "As disposições constitucionais são com segurança as sequelas que deixaram as vivências de nossos antepassados; também elas foram adquiridas uma vez, sem tal aquisição não haveria nenhuma herança" (p. 329).

Nessa citação podemos compreender que Freud está criando um desdobramento do conceito de constitucional com a finalidade de elaboração de um conceito de linguagem. Organizará esse percurso pela transgeracionalidade, que compreende desde as vivências ancestrais até as vivências do adulto. Tudo isso sendo processado em um aparelho psíquico que compreende um corpo pulsional atravessado pela linguagem. A partir desse momento, o constitucional em Freud é também linguagem.

Várias décadas após a descoberta das moléculas de DNA, notou-se que ele próprio contém uma linguagem. A linguagem do DNA tem movimentos, códigos, mutações, combinações. Nesse momento, o mundo científico entendeu que a natureza também é criativa e criadora.

Existe uma diferença fundamental entre a linguagem da natureza e a linguagem humana, que também é criativa e criadora. A linguagem humana é produzida na cultura, sempre considera o outro e os devires contidos nos acontecimentos. Na cultura temos sistemas de signos e ordem simbólica em perene articulação, o que não acontece na química do DNA.

Outro salto que Freud irá dar é quando estabelece uma hipótese "genética" para o afeto. Os afetos seriam "reproduções de acontecimentos antigos de importância vital e eventualmente pré-individuais, comparáveis a acessos universais típicos e inatos" (1990g, p. 274).

Freud colocou o afeto em um campo que pode ser rastreado através das gerações, pois ele tem marcações de posições e lugares que foram ocupados por cenas ancestrais. Dessa forma, ele traz a linguagem para o cerne do conceito de afeto.

Ao colocar o afeto como acessos histéricos universais, Freud apontou para os elos geracionais que podem ser imaginados e simbolizados, criando uma possibilidade teórica e uma ferramenta para a elaboração de uma arqueologia simbólica contida nos arquivos do aparelho psíquico. Uma memória ancestral pode ser atualizada e isso também está contido no que entendo sobre devir. O devir atualiza-se no instante carreando uma memória ancestral. Esse instante tem a potência, a virtualidade de projetar o futuro.

"Nada impede a suposição de que as próprias pulsões são, ao menos em parte, decantações e estímulos que no curso da filogênese atuaram sobre a substância viva modificando-a" (Freud, 1990n, p. 40). Aqui temos que o vivenciar pré-histórico e o vivenciar pré-individual (filogênese) são decantações de vivências dos ancestrais. Não é possível pensar tudo isso sem um conceito de linguagem e esse é um momento importante no qual ele o explicita.

O id abriga em si "inumeráveis existências de egos de gerações anteriores", afirma Freud (1990e, p. 40).

Nesse momento, temos todas as condições para começar a pensar o conceito de auto-organização no universo psicanalítico. Esse não é linear e sim de desdobramentos de redes em redes. O sujeito, fruto de desdobramentos ancestrais, infantis e de sua vida adulta é constituído na relação com o outro em um universo de linguagem.

O conceito de bifurcação, nesse momento, é de extrema importância. O elemento mínimo desse conceito cabe na figura a seguir.

Esse fractal, ou seja, esse elemento que se repete ao infinito formando uma figura complexa é:

Esta forma se repete em todas as direções e tem uma dimensão fractal.

Apresenta-se essa figura da bifurcação para tentar dar forma ao conceito de lei no universo psicanalítico. Nesse universo, esse conceito de lei está articulado ao conceito de castração. A lei e a castração no universo psicanalítico são propiciadoras da criação e da auto-organização. Estamos mergulhados na concepção do complexo de Édipo.

O complexo de Édipo, na acepção em que aqui o tomamos, seria uma malha (combinatória) de marcas imersas na cultura inseridas em um contexto histórico e geográfico tecido nas e pelas gerações anteriores, nas relações infantis, e nos acontecimentos do cotidiano que possibilitam a produção e o tráfego das intensidades pulsionais produtoras de subjetivação em um sistema aberto sempre mergulhado na linguagem.

As subjetivações produzir-se-ão nessa malha, a partir da conjunção de três vertentes:

a) transmissão: inundação de desejos e gozos que vem das gerações anteriores através da linguagem;
b) trânsito: metabolismo das vivências infantis, articulado nas redes do vivenciar do adulto; e
c) lei: aquilo que vem marcar uma ordenação e organização no trânsito e nas transmissões.

Aqui é muito importante pensarmos uma concepção de limite. Entendo por limite uma zona de passagem e não o ponto-final de uma viagem. Nessa passagem ocorrem potencializações. Outra vez o conceito bifurcação é fundamental. O limite encontra-se no ponto de bifurcação.

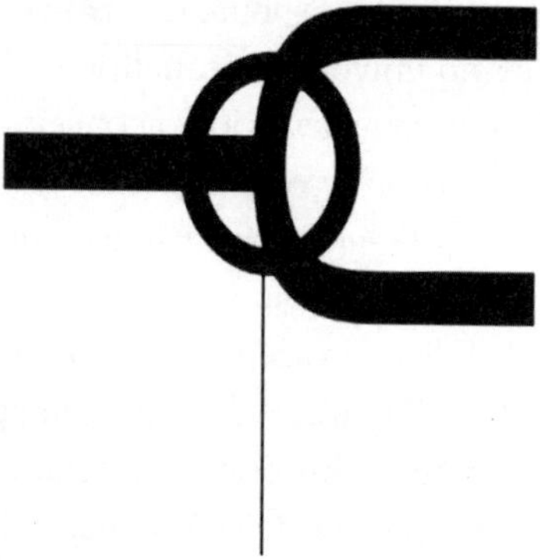

No ponto de bifurcação acontece a escolha

No momento da bifurcação sempre estão contidas as possibilidades de escolha que produzem os acontecimentos e desdobram devires. No ponto de bifurcação, a ética pulsa e esse é o instante da escolha.

As intensidades pulsionais, nessa trama de bifurcações, necessitam sempre considerar a lei (organizadora de sistema) naquele momento histórico, ou seja, as instâncias coletivas e políticas. Nesse sentido a lei potencializa o desejo e não o cerceia.

Esse sujeito é fruto de sua cultura e se encontra em condições de transformá-la.

Caso clínico

Vou narrar, brevemente, a história de um rapaz de aproximadamente trinta anos que me procurou e em suas entrevistas iniciais deixou aparecer uma questão conjugal narrada com alguma intensidade. Essa narrativa que vinha com um tom um pouco elevado é cortada bruscamente. Isso me causou certa estranheza. Esse corte é seguido de uma pausa longa. Nesse momento fica lívido e trêmulo e diz que jamais teria me procurado se não houvesse recebido uma notícia terrível algum tempo atrás que muito o estava atormentando.

"Procurei um médico, pois uma pinta em minhas costas começou a sangrar depois que eu a cocei. O material foi para biópsia e foi diagnosticado um melanoma. O médico foi bem claro comigo dizendo tratar-se de um câncer grave e que poderia evoluir mal e também apontou para o meu descuido em não procurá-lo antes. Seria necessária uma cirurgia à qual fui submetido recentemente".

Quero detalhar que, em minha escuta, algo de outra ordem diferente do recalcamento (mecanismo próprio das afecções neuróticas) ocorreu nesse caso.

Numa formação psicossomática, as expressões das pulsões aparecem como intensidades que transitam pelo soma sem expressão simbólica, nesse caso especificamente, o melanoma.

Na psicossomática, o que está em questão é o real corpóreo. As doenças psicossomáticas se expressam no soma e deverão produzir no sujeito uma implicação para o que está acontecendo no real de seu corpo. Estou dizendo implicação e não culpabilidade, pois ambas são noções completamente diferentes. A primeira desperta curiosidade e propicia a atualização de potências. A segunda provoca ressentimentos e rumos mortíferos. O corpo aqui é entendido como fluxos articulados a fluxos. Somos fluxos sanguíneos, urinários, digestivos, de sensações, de palavras e muitos outros. Fluxos concretos, fluxos simbólicos, fluxos imaginários... Somos corpo/linguagem. O soma/intensidade está em constante produção e essas produções precisam ser integradas num universo simbólico. Há necessidade de se adentrar uma ordem simbólica.

É nessa ordem simbólica que estão contidas as faculdades do entendimento da razão e da imaginação que provêm de toda a dança pulsional. Portanto, a razão e o entendimento estão integrados no universo pulsional. Para haver um saber é necessária toda essa *atividade complexa*.

O saber para o neurótico, o psicótico e o perverso são organizações diferentes no conjunto do universo pulsional. Farei uma digressão para explicar melhor essas diferenças em relação às psicoses e às psicossomáticas. A separação entre psicoses e psicossomáticas é apenas didática, pois podemos ter afecções psicossomáticas em qualquer auto-organização.

Nas organizações psicóticas temos a alucinação. Nas psicossomáticas temos a produção concreta, ou seja, como nesse caso, a produção do tumor. A diferença é que, para um sujeito afetado do ponto de vista somático, essa produção é assignificante. Assim sendo, essa produção deverá ser criada em palavras, produzida na tecedura e na tessitura do campo transferencial.

Voltemos ao caso clínico. As associações desse analisando se davam em um nível regressivo. A questão que insistia dizia respeito a quem tinha o pênis maior, uma questão bastante infantil.

Nessa altura, ele relatava um bom estado de ânimo e muita disposição para o trabalho. Esse período durou aproximadamente um mês. Durante uma sessão em que o assunto sobre o pênis voltou à baila, ele, repentinamente, saltou do divã, portanto, saiu do campo das palavras para o ato e, num gesto confuso com suas roupas, abriu a camisa e mostrou a cavidade da extirpação do tumor que estava localizado em suas costas.

A cadeia significante de sua fala era fálica, e esse ato inesperado ao acaso, o qual surpreendeu até a ele mesmo, fez que ele deprimisse muito.

Esse *acontecimento* mudou radicalmente o curso dessa análise. As associações subsequentes referiam-se a essa cavidade onde se localizava o tumor. O que aconteceu foi muito diferente de um ato sintomático que tem uma significação.

Esse ato foi um acontecimento e isso foi percebido *a posteriori*. Esse saltar do divã e o mostrar da cavidade cirúrgica não estavam contidos em seu discurso. Escapou totalmente ao campo da linguagem, mas pôde ser capturado por ela e vivido transferencialmente.

Posteriormente, uma compulsão de repetição se instaura e a cavidade passa a ser o foco de suas associações. Surgem sonhos, como buracos na estrada, rostos com marcas de espinhas, lagoas secas e muitos outros com essa linguagem simbólica. O tom depressivo segue em frente por alguns meses. São momentos de tentativa de ligação, muito semelhantes ao papel desempenhado pelos sonhos traumáticos que não são realização de desejos. Esses sonhos são curtos imagéticos e pobres. A elaboração secundária praticamente não existe, o que nos sonhos como realização de desejos é bastante abundante. O buraco que marcou seu corpo é um vazio que não é um nada. É uma cavidade cirúrgica e essa começou a funcionar em sua fala como um lugar de potência que iria ordenar seus fluxos de intensidades dando uma orquestração ao seu mundo pulsional.

Isso tudo que descrevi acima não anula o processo fálico que ele estava vivendo transferencialmente em sua análise. Entretanto, o que aconteceu foi algo novo, aquém do universo simbólico e do princípio do prazer. Pulsou um movimento (salto do divã) mostrando o vazio que não era um nada deixado pela cirurgia. Esse vazio que somente pôde ser captado pelo movimento é apresentacional e não simbólico/representacional. O ato em questão não pertencia ao campo da linguagem. Uma simbolização começará a surgir em relação à cavidade cirúrgica através da compulsão de repetição observada *a posteriori*.

Aqui está em operação um tipo de simbolização que opera nas formações psicossomáticas. A partir desse acontecimento, a análise passa para uma fase em que a construção é o preponderante, mas essa construção só é eficaz quando construída na relação transferencial.

Para encerrar, podemos sintetizar dizendo que o objetivo desse ensaio foi mostrar, também mediante um caso clínico, uma possibilidade teórica para a abordagem das afecções psicossomáticas no campo psicanalítico.

O caminho foi construído a dois na relação transferencial e foi possível uma construção simbólica.

A cavidade cirúrgica ficou integrada simbolicamente naquele corpo. Aquele vazio, aquele buraco cirúrgico, ganhou significância em sua fala.

Nesse devir foi detectado o campo dos fluxos de intensidades anterior a qualquer simbolização e que é movimento. No caso, esse movimento foi o salto do divã mostrando o vazio deixado pela cirurgia.

As pulsões em Freud foram trabalhadas como um conceito somatopsíquico. Para essas postulações psicossomáticas nos foi necessário lançar mão de campos transdisciplinares e, concomitantemente, estabelecermos as especificidades psicanalíticas.

Estações da Luz

Somos prisões de luz
Vagões de luz
Trilhos de luz na liberdade da luz.

6.

Sobre um novo mito primitivo

"E se considerássemos no presente as línguas do passado, se conseguíssemos recuperar o sistema de fala que elas foram em cada um dos momentos de sua história, então, por trás das circunstâncias incontestáveis que as modificaram, reencontraríamos as motivações coerentes, segundo as quais esses acasos foram incorporados a um sistema de expressão suficiente."
Maurice Merleau-Ponty

Para passarmos de um grau de simbolização a outro há de se ter uma superação da metáfora, ou seja, na metáfora o sentido vai em bloco de uma significação para outra. Na passagem de um grau de simbolização para outro é necessário pensarmos a ideia de desdobramento.

No desdobramento temos de levar em conta não só o bloco de significação que é transportado. Por exemplo, na expressão "na primavera da vida", as características da primavera, jovialidade, força, flor, são transportadas para a vida. Isso é uma metáfora.

O desdobramento é uma figura muito mais complexa, pois abarca o transporte de uma organização, toda uma metamorfose. Na expressão "na borboleta outrora já pulsou uma crisálida" significa que na borboleta está contida a crisálida de uma forma tão transformada, que não se consegue captar vestígios claros de outros tempos. Crisálida e borboleta são auto-organizações muito diferentes uma da outra, só que uma redunda na outra e nessa passagem consideramos o devir com toda a sua complexidade e multiplicidade.

O mito da horda primitiva postulado por Freud é um mito científico para pensarmos o mito das origens. Esse mito é historicamente datado. Freud postula-o em seu período de vida, a segunda metade do século XIX e primeira metade do século XX. Ele postula um pai que precisa ser morto pelos filhos, pois sendo ele um pai de toda uma horda primitiva, é o senhor de todas as mulheres, e isso cria um ódio infinito nos filhos que se reúnem e matam-no.

Após isso, nessa horda aparece uma culpa imensa. Todos o comem num jantar totêmico para adquirir suas características. Nessa comunhão todos saem identificados com ele. Esse pai que era onipotente é morto. Ele foi assassinado.

Daí a origem do conceito de castração associado à ideia de morte, culpabilidade e limite. Com a morte do pai existirá a possibilidade de identificação com ele. Essa identificação traz a marca da castração, a ideia de não ser mais um todo e fazer parte de um coletivo levando em conta as diferenças e a divisão de poder.

Quando constrói esse mito, Freud está mergulhado na cultura alemã, no idealismo alemão e em suas origens judaicas. Vemos esses matizes na construção do conceito de falo. Nesse sentido, o poder é pensado como totalmente contido na potência do pai que precisa ser morto para que um pouco de potência fique dividido para os filhos. Falo é a potência totalizante do pai, portanto, não castrado.

Acredito que esse mito necessita ser pensado de outra maneira. Se tomarmos a atualidade como parâmetro – início do século XXI –, em que o idealismo totalizante já não encontra um lugar tão pertinente como encontrou no século XIX, podemos engendrar essa questão de outra forma. Em primeiro lugar, podemos partir não da questão do assassinato do pai e, sim, da morte do pai. No mito criado por Freud, a agressividade intensa e a violência são totalizantes. Precisamos de um mito de potência e não de assassinato. Evidentemente na potência também está contida a agressividade e a culpabilidade. Porém, no mito freudiano, a culpabilidade ocupa um lugar central e nessa nova forma de desdobrar esse mito ela continuará existindo em um lugar periférico, pois a ênfase recairá sobre a potência criativa e não nos aspectos reativos da culpabilidade.

Esse mito criado por Freud tem um núcleo duro e fechado, efeito de um momento histórico datado do predomínio fálico patriarcal que foi o período no qual ele viveu. As duas guerras mundiais com suas violências começarão a quebrar essa organização. Uma digressão: o núcleo duro que a cultura produz e vive participa de seus desdobramentos históricos. Os núcleos duros, grosso modo, não são conscientes nos sujeitos que estão vivendo determinado momento histórico.

Quero abordar esses equivalentes existentes nesses três núcleos: a ideia de falo, de Deus e de pai que estão sofrendo desdobramentos na atualidade.

Em Nietzsche (2007), no item 125, de "O insensato", em *A gaia ciência*, a ideia de assassinato persiste. Nesse caso seria o assassinato de Deus. O que insiste, portanto, é a ideia de uma morte por assassinato para que o mito possa se constituir.

> Jamais ouviram falar daquele louco que acendeu uma lanterna em plena luz do dia e desatou a correr pela praça pública gritando incessantemente: "Procuro Deus, procuro Deus". Mas como havia ali muitos daqueles que não acreditavam em Deus, o seu grito provocou grandes gargalhadas. "Perdeu-se como uma criança?" dizia um. "Estará escondido?" dizia outro. "Terá medo de nós?", "Terá emburrecido?", "Terá imigrado?", assim gritavam e riam todos ao mesmo tempo. O louco saltou no meio deles e trespassou-os com seu olhar. "Para onde foi Deus?" exclamou... "Vou lhes dizer! Nós o matamos, vocês e eu! Somos nós os seus assassinos! Mas como fizemos isso? Como conseguimos esvaziar o mar? Quem nos deu uma esponja para apagar o horizonte inteiro? Que fizemos quando desatamos essa terra de seu sol? Para onde vai ela agora? Para onde vamos nós mesmos? Para longe de todos os sóis? Não estamos incessantemente a cair? Para diante, para trás, para os lados, em todas as direções? Haverá

> ainda um em cima e um embaixo? Não estamos errando através de um vazio infinito? Não sentimos na face o sopro do vazio..." (p. 115)

Todos esses questionamentos que Nietzsche faz a respeito da ideia de um mundo sem esse significante ordenador são dantescos, caóticos e desorganizadores. O que se assemelha ao mito primitivo freudiano é que "nós o matamos", tanto o pai quanto Deus, e em ambos há uma culpabilidade como consequência desse ato. Esse ato propicia a fundação da cultura, porém sob o signo de uma culpabilidade enorme que marcará todas as subjetividades produzidas nessa cultura.

Nietzsche continua:

> [...] Deus morreu! Deus continua morto! E nós o matamos! Como havemos de nos consolar, nós, assassinos entre os assassinos! O que o mundo possui de mais sagrado e de mais poderoso até hoje sangrou sob o nosso punhal; quem nos limpará esse sangue? Que água nos poderá lavar? Que expiações, *que jogo sagrado seremos forçados a inventar?* (Nietzsche, 2007, p. 116, itálico meu)

Aqui aparece o ponto principal: após esse assassinato algo terá de ser inventado, um novo paradigma deverá surgir. Coincidentemente em Freud, a partir do assassinato do pai, também algo terá que ser criado. Novamente Nietzsche: "[...] Nunca houve ação mais grandiosa e quaisquer que sejam aquelas que poderão nascer depois de nós, pertencerão, em função dessa ação, a uma história mais elevada que toda história que já existiu" (2007, p. 116).

A partir dessas palavras um grande silêncio toma conta de tudo e as palavras do louco caminharão em direção da concepção do embrião de dois conceitos, que são devir e acontecimento.

Nietzsche prossegue:

> O insensato calou-se depois de pronunciar essas palavras e voltou a olhar para os seus auditores: também eles se calaram, e o fitavam com espanto. Finalmente atirou a lanterna ao chão de tal modo que se partiu e se apagou. "Chegou cedo demais", disse ele então, "o meu tempo ainda não chegou". Esse *acontecimento* enorme ainda está a caminho e ainda não chegou ao ouvido dos homens. O relâmpago e o raio precisam de tempo, a luz dos astros precisa de tempo, as ações precisam de tempo, mesmo quando foram efetuadas para serem vistas e entendidas. Essa ação ainda lhes está mais distante do que as mais distantes constelações: e foram eles, todavia, que a fizeram! (2007, p. 116, itálico meu)

Esse trecho mostra como o *acontecimento* não é um fato, um episódio isolado, e sim um conjunto de ações em perene *devir*, ou seja, quando vejo estrelas, estrelas não são mais, pois quando meu olhar captou aquela luminosidade no aqui agora do *acontecimento*, esse já aconteceu há muito tempo e a esse conjunto chamo devir. Em todo o presente está contido um passado e também pulsa o novo que trará consequências futuras. No *acontecimento* esses três tempos verbais estão presentes em potência.

A ideia de potência contida no *acontecimento* é fundamental. O *big bang*, a ação criadora, já pulsou há bilhões de anos. Pulsou num vazio que não era um nada. Nesse campo ocorreu uma flutuação e ainda hoje seus rastros pulsam por aqui. São os *ruídos de fundo*. Essa cosmologia nos aponta para um cosmos criador e criativo, somos poeiras cósmicas que se organizaram e nos produziram e, concomitantemente, nós nos produzimos e produzimos o novo. Esse é o nosso devir.

Acredito que tanto em Freud como em Nietzsche está presente a questão do assassinato do pai e de Deus. Isso precisa ser *desdobrado* de outro modo para que surja uma ética em que o coletivo e o subjetivo a produzam e não que ela seja dada por um pai ou por um Deus assassinados que potencializam a culpabilidade. Proponho uma ética que parte de um significante de potência.

No mito primitivo de Freud, a questão se formula pela horda primitiva. O pai possui todas as mulheres e por isso gera ódio nos filhos, que o matam. Quando digo mito primitivo, assinalo que esse foi criado no início do século XX. Trata-se de um mito e não de uma questão antropológica. No entanto, seu núcleo funciona ativamente nessa época, situação esta que não se reconhece mais hoje. Daí a necessidade da criação de um desdobramento desse mito na cultura.

Nas origens da palavra "falo", segundo o *Dicionário Houaiss da língua portuguesa*, temos:

> **1** imagem do órgão reprodutor masculino, esp. a que era carregada nos antigos festivais em honra a Dioniso, tb. dito Baco, para simbolizar o poder gerador da natureza **2** ANAT o pênis ou clitóris, ou o órgão embrionário sexualmente não diferenciado, que os origina **3** ANAT ANAT.ZOO m.q. *PÊNIS* **4** PSICN função simbólica representada pelo pênis • ETIM lat. *phăllus,i* 'figura que representa as partes sexuais do homem e que, nas festas de Baco, levava-se como símbolo da geração [...] HOM *falo*(fl.falar) (Houaiss, 2001, p. 1303)

Percebemos que essa ordem simbólica já está sendo estabelecida nas antigas tragédias gregas e nas festas romanas em homenagem a Baco.

Quero salientar que a palavra "falo", no *Dicionário Houaiss*, tem a mesma equivalência a clitóris, sem nenhuma hierarquização, ao contrário do que aparece na elaboração da teoria freudiana. São diferenças.

A palavra "falocêntrico", segundo o mesmo dicionário, é definida como:

> **1** que centraliza *tudo* no falo **2** que acredita na superioridade masculina • ETIM fal(o)- + -cêntrico [...]
> **falocentrismo** *s.m.* doutrina ou crença centrada no falo, esp. na convicção da superioridade do sexo masculino [...] (Houaiss, 2004, p. 1303)

No dicionário percebemos uma contradição: no verbete "falo" já se encontra a possibilidade de equivalência entre falo e clitóris, e no verbete "falocêntrico" aparece a crença da superioridade do sexo masculino.

Portanto, esse núcleo duro se espalhou pelo mundo ou, pelo menos, dominantemente pelo Ocidente, tomando diferentes matizes nas mais diversas culturas. A ideia contida no mito primitivo de Freud, em que o pai queria possuir todas as mulheres, é a montagem do núcleo duro dessa doutrina patriarcal que atualmente não se sustenta mais. A ideia de família hoje em dia se expressa de múltiplas formas.

A outra questão está no falocentrismo, que centraliza *tudo* no falo. Esse tudo também faz parte de uma idealização montada no auge do patriarcado, que também não tem respaldo em nossa cultura. Por isso proponho o desdobramento da crença do falocentrismo. Existe uma alteração no núcleo duro desse mito que aparece na formação das diferentes formas de famílias.

Essa alteração mostra uma auto-organização do coletivo/subjetividades muito diferente da antiga forma falocêntrica.

Nenhuma forma de auto-organização do coletivo/subjetividade é eterna. Ela participa do devir da cultura, das incertezas, das dúvidas, e está sempre em movimento. A ideia de centro marca um sistema fechado e a ideia de rede vem marcar um sistema aberto.

O sujeito é produzido pelo coletivo e se diferencia deste. Concomitantemente, o coletivo também é modificado pela produção desses sujeitos. A produção de subjetividades se dá por desdobramentos advindos do coletivo. Nessa passagem considera-se sempre o *devir* e os *acontecimentos*. Portanto, os sujeitos são sempre frutos de sua época.

A filosofia da representação é concebida pela primazia que confere à identidade. De um ponto de vista sistemático, o que acontece é o antagonismo entre representação e diferença.

Se considerarmos sistemas lineares em que reina a exclusão e a cisão, esse paradoxo nos impossibilitaria de pensarmos esses antagonismos. Nos sistemas abertos e nas organizações fractais, os antagonismos são possíveis de serem pensados e suas produções são criativas. Na base da conceituação de sistemas abertos já está contida a mesclagem do subjetivo e do objetivo. Não existe só antagonismo entre representação e diferença. Existe também complementaridade. O conjunto sujeito/objeto é composto de paradoxos e contradições, antagonismos e complementaridades. Isso caracteriza os sistemas dialógicos.

Nesses sistemas trafegam fluxos de intensidades, quantidades intensivas que produzem formas criativas. Quando a representação surge é porque algo do apresentacional/acontecimento ficou impresso em um aparelho psíquico. Essa forma de apreensão é sempre singular. Seu produto é sempre diferencial. Portanto, na identificação, pulsa uma diferenciação. Não se trata, portanto, de uma relação de exclusão – ou sujeito ou objeto –, pois é exatamente nesse entremeio que o novo pulsa.

Em Freud, a riqueza do conceito de pulsões é exatamente esta, pois nenhum conceito psicanalítico pode ser construído sem considerar o conceito de intensidades.

O fundamental é não excluir a concepção de intensidade contida nos sistemas abertos. Por exemplo: o sistema circulatório não é composto somente de vasos arteriais e venosos. Ele também é composto pela intensidade do sangue que nele flui. Isso é o que traz a vida ao sistema. A ideia de fluxo descoagula a ideia de identificação e a traz, como sempre, diferencial.

Num mito pós-moderno sobre a origem, deve-se superar essa questão do assassinato do pai e, com isso, uma outra articulação do conceito de identificação. Devemos desdobrá-lo para podermos obter a possibilidade de singularizações.

As diferenças contidas nas séries complementares não são transcendências. O transgeracional não é o transcendente do sujeito. Assim sendo, o que proponho é um fluxo de intensidades arrastando uma enxurrada de rastros pré-representacionais escorrendo pelas gerações e que, num dado momento histórico, produz sujeitos que são encadeados nessas séries complementares que se organizarão em seus devidos contextos. Isso não significa que a Psicanálise freudiana não forme sistemas. A Psicanálise é composta de sistemas consciente, pré-consciente, inconsciente, e assim por diante.

A noção de sistema também está relacionada a expressões como: análogo, idêntico, semelhante, o mesmo, igual, congruente, pois nessas categorias também pulsam diferenças.

Prefiro ancorar-me numa alegoria em que houve simplesmente uma morte. Esse luto não precisa ser carregado de *culpa*, e sim processado de outra forma mais criativa. O acento que quero dar nessa diferença é que devemos privilegiar o lugar de potência para produzir sujeitos desejantes que não precisem carregar uma culpa de origem.

Dessa forma temos um mito que não é idealista. Não usa o conceito de falo como totalizante, que estava contido na forma de ser das famílias burguesas do século XIX. Podemos pensar um conceito para falo contendo em si mesmo diferenças, superando a ideia de falo sempre onipotente, contida na ideia do pai primevo.

Desdobra-se esse mito ao se conceber uma origem que não parte de uma onipotência e sim de um conjunto de redes articuladas, sem começo nem fim.

A auto-organização desse sujeito se dá no calor do coletivo que está perenemente se organizando e se desdobrando e também se destruindo.

Esse sistema é, portanto, aberto para a cultura e suas transformações; e, dessa forma, o novo, através da História, é sempre possível de ser capturado nas séries complementares auto-organizativas.

O fundo hoje é muito raso.

7.

A PRODUÇÃO PARADOXAL DO NOSSO TEMPO: INTENSIDADE E ÉTICA[1]

"Por mais que uma coisa seja desejada,
por mais que seja conhecida, não há perfeição
na ação, de qualquer ordem que seja esta."
Friedrich Nietzsche, s.d., p. 204

"Perdoemos, mas não esqueçamos."
Nelson Mandela

Houve um momento em que tínhamos tempo para tudo. Atualmente não temos mais. Essa questão da rapidez do tempo por todos observada suscita inúmeras indagações. O que será que se passa para que essa aceleração do tempo se torne tão comentada, em verso e em prosa? A clínica, hoje como no

[1] Publicado originalmente no livro A clínica conta histórias, organizado por Lucía Barbero Fuks e Flávio Carvalho Ferraz. São Paulo: Escuta, 2000, pp. 234-246.

início do século, obedece a essas alterações de velocidade e intensidade do tempo.

Stefan Zweig (1960), escritor de língua alemã, contemporâneo e amigo de Freud, descreve a Áustria – o Império Austro-Húngaro de seu tempo – de forma bastante detalhada:

> Se tento encontrar uma fórmula conveniente para definir o tempo que precedeu a Primeira Guerra Mundial, o tempo em que cresci, acredito ser o mais conciso possível dizendo: foi a idade de ouro da segurança. Na nossa monarquia austríaca milenar tudo parecia duradouro e o próprio Estado era a garantia suprema de tal continuidade. Os direitos por ele concedidos aos cidadãos eram garantidos pelo parlamento, pelos representantes do povo, eleitos livremente, e cada dever tinha seus limites bem definidos. A nossa moeda, a coroa austríaca, circulava em peças de ouro, garantindo assim a sua estabilidade. Cada um sabia quanto possuía e quanto lhe era devido, o que era permitido e o que era proibido: tudo seguia uma norma, tinha um peso e uma medida precisos. Quem possuía um capital podia calcular com exatidão a renda anual correspondente; o funcionário – o oficial – podia marcar no calendário o ano da sua promoção ou da sua aposentadoria. Cada família tinha um orçamento exato, sabia quanto podia gastar com o aluguel e a comida, com as férias e com as obrigações sociais, e sempre havia uma pequena reserva para os imprevistos, para as doenças, para o médico.

Quem possuísse uma casa a considerava refúgio seguro para filhos e netos; fábricas e empresas passavam por herança de geração em geração; mal um bebê era colocado no berço, já se depositava em um cofre ou na poupança a primeira contribuição para o seu futuro, uma pequena reserva para que pudesse abrir seu caminho. Tudo no vasto império parecia sólido e irremovível e no lugar mais alto estava o velho soberano. Mas no caso da sua morte sabia-se (ou acreditava-se saber) que um outro o sucederia sem que nada fosse mudado na ordem preestabelecida. Ninguém acreditava em guerras, revoluções e agitações. Atos radicais e violência simplesmente pareciam impossíveis na idade da razão.

Este senso de segurança era o dom mais amplo, o ideal comum de milhões e milhões. A vida parecia digna de ser vivida com tal segurança, e era cada vez maior o número dos desejosos de participar daquele bem precioso.

Primeiro foram apenas os proprietários a gozar do privilégio, mas pouco a pouco a massa também passou a ter uma vida melhor; o século da segurança tornou-se também a idade de ouro para todas as formas de seguros. Segurava-se a casa contra incêndio e contra roubo, as plantações contra as geadas e os temporais, o próprio corpo contra os acidentes e as doenças, pagavam-se pensões para a velhice e oferecia-se aos recém-nascidos uma apólice para o dote futuro. Por fim, também os operários se organizaram, conquistando salários dignos e auxílio-doença, enquanto os empregados domésticos depositavam suas economias em instituições

> que lhes asseguravam um lugar na velhice; pagavam até mesmo uma contribuição antecipada para as despesas com o próprio enterro. Somente quem podia gozar o futuro sem preocupação gozava o presente com toda a tranquilidade.
>
> Nessa comovente confiança de poder ter até onde descansar eternamente, havia, apesar da aparente austeridade e modéstia em conceber a vida, uma presunção perigosa. O século XIX, com seu idealismo liberal, estava convencido de se encontrar no caminho direto e infalível para o melhor dos mundos possíveis. Olhava com desprezo as épocas anteriores com suas guerras, carestia, revoluções, como se fossem tempos em que a humanidade ainda estivesse na sua minoridade e fosse insuficientemente iluminada. Agora, ao contrário, era apenas uma questão de decênios e as últimas violências do mal estariam todas superadas. Tal confiança em um progresso ininterrupto e incoercível teve para aquela época a força de uma religião; já se acreditava naquele progresso mais do que na Bíblia, e seu evangelho parecia estar incontestavelmente demonstrado nos sempre novos milagres da ciência e da técnica. (p. 217-219)

Toda essa maravilhosa e pormenorizada descrição do Império Austro-Húngaro, já às vésperas da Primeira Guerra Mundial, aponta-nos para uma não escuta do devir. A Revolução Russa já estava em andamento; o ovo da serpente, tanto nazista quanto fascista, já começava a esboçar sinais. No Império Austro-Húngaro tudo parecia estar no seu devido lugar.

A família real, com Francisco José em "efígie" nas moedas de ouro, parecia garantir tudo isso.

Ledo engano. A ponta do *iceberg* já aparecia com a execução de Maximiliano no México nos anos 1860, o suicídio do príncipe herdeiro Rudolph após um ato sexual em 1889, o assassinato da imperatriz Sissi em 1893 e, enfim, o assassinato do arquiduque Franz Ferdinand e sua esposa em 1914 em Sarajevo, na Bósnia, estopim da Primeira Guerra.

O próprio Estado e a figura do imperador, como forte função paterna, pareciam ainda desempenhar o papel organizador importantíssimo da família que tem o pai como chefe, detentor de um pátrio poder muito bem estabelecido em suas mínimas regras, tanto na retidão como na hipocrisia. Isso nos testemunham as linhas deixadas por esse importante escritor da época, que se suicidaria em Petrópolis no início dos anos 1940.

Tudo parecia perfeitamente organizado em um ritmo preciso. Entretanto, algo operava, tanto no social como na subjetividade: era o recalcamento (*Verdrängung*). Para se viver bem nesse império milenar dever-se-ia enquadrar-se nele nos mínimos detalhes. As valsas vienenses deveriam ser dançadas à perfeição. Não sendo possível essa ambição, cabia uma saída: recalcar o que nisso não se enquadrasse.

Acredito que não foi por acaso que a maioria dos casos de Freud dos anos 1890 era de neuroses histéricas, obsessivas e fóbicas. Esse recorte da Europa Central nos indica a direção do apogeu e queda, pelo menos em parte, dessa função paterna.

Do outro lado do Atlântico, nos Estados Unidos, no início dos anos 1940, Orson Welles roda o filme *The Magnificent*

Ambersons[2] (Welles, 1942), que tem como tema principal os acontecimentos do fim do século XIX e início do século XX e nos assinala com clareza a passagem do tempo. Trata-se de um filme que mostra a aristocracia rural americana já em decadência e a passagem de uma sociedade agrária para uma sociedade industrial.

A cena aqui relatada mostra o funcionamento social do tempo lento: um bonde passa em frente à mansão dos Ambersons. A intérprete está no segundo andar e, quando percebe que o bonde está passando, faz sinal da janela ao motorista para que a espere. Desce calmamente, anda pela sala sem pressa e, ao entrar no bonde, cumprimenta a todos sorrindo e é correspondida. Nesse tempo havia tempo para tudo...

Estamos tratando de uma sociedade fortemente articulada no tempo, recentemente saída da escravatura. É um tempo lento, agrário, em que estão presentes os proprietários rurais, as carruagens, os cavalos. Estamos há poucas décadas do fim da Guerra da Secessão. Era o tempo do Império Austro-Húngaro e era o tempo da passagem dos Estados Unidos eminentemente agrários para a era industrial.

Antes, na Antiguidade grega, encontramos outro tipo de tempo: o tempo mítico. E por que o tempo mítico? Porque os povos da Antiguidade tiveram a necessidade de criar um tempo para além das malhas de Cronos. Porque, se dele não escapassem, seriam por ele devorados: "Cronos devora seus

[2] Filme traduzido para o português como *Soberba*.

próprios filhos". Tratava-se de um tempo circular, o tempo da repetição, o tempo mítico. Cronos comia todos os seus filhos com grande voracidade e, à medida que ele foi enganado comendo uma pedra no lugar de Zeus, pôde ser fundado outro relacionamento com o tempo.

Essa é uma possibilidade para a criação da ideia de eternidade, podendo-se criar também o tempo para os humanos. Esse tempo dos homens, já em Hesíodo, é assumido como algo que se relaciona à produção, esta no sentido de usina. Seu texto chamado *O trabalho e os dias*, já articulando essa relação, esse processo. Esse tempo, para os humanos, é um tempo que surge do *corte*, da interdição. Esse corte quebra a repetição das devorações e possibilita a criação do novo que, no caso, seriam as linhagens dos deuses, como uma produção da cultura grega, que utiliza essa marca do Cronos, como se elas só pudessem ter surgido de seu desdobramento que escapa à voracidade de Cronos e possibilita a criação no sentido de *poiésis*.

Uma das marcas de nosso tempo é o imperativo de uma digestão sem interdição em altíssima velocidade, que faz que as pessoas coloquem tudo para dentro sem discriminação. Isso pode levá-las à morte por intoxicação narcísica tanto na anorexia quanto na bulimia, bem como em outros quadros que caracterizam a psicopatologia de nossos dias: depressão, toxicomania, todos os tipos de estresse, as distimias, os transtornos dissociativos e somatoformes, as psicoses e os distúrbios radicais do sono.

As questões ligadas ao corpo começam a ganhar proeminência no nosso tempo. Por que isso ocorre? A intensidade no decorrer do século XX cada vez mais foi se implementando e, em decorrência disso, o tempo, que era lento, altamente simbólico, criador de marcas e historicidade, começou a se acelerar por causa do excesso de informação e de produção em série, característica da Revolução Industrial, nos mais variados setores.

O aparelho psíquico, não podendo sustentar essa intensidade, tende à caotização. Essa impossibilidade de orquestração simbólica faz que o corpo seja atingido. O corpo é assignificante, porém sempre presente e sempre atingido quando esse universo simbólico não pode ser compassado.

Com o aumento indiscriminado da intensidade de nossa época – efeito da globalização e do desenvolvimento tecnológico e midiático – criou-se uma multiplicidade de sociedades transculturais, fruto das facilidades migratórias, da locomoção e da circulação. Essa nova realidade nos conduz a perdas de referências nos contextos de organização da sociedade, incluindo noções fortemente arraigadas, como as de família, escola, nação e Estado.

O movimento intenso toma conta de tudo. As múltiplas formas que essas instituições tomam – em constante processo de transformação – produzem uma falta de referência que, muitas vezes, a subjetividade não suporta. Outro fator entrelaçado à falta de referência é a falta de consequência, que percebemos em nossa sociedade e a qual está intimamente ligada à ética.

Fatos amplamente noticiados pela mídia brasileira no decorrer do ano de 1999, tais como o de um cidadão que pede a um amigo que lhe decepe a mão para receber um seguro, o menino da Febem que degola o seu colega, o crime do Morumbi Shopping, mostram a altíssima intensidade a que chegaram as tensões sociais. Essa última tragédia, em que um estudante de medicina metralha uma plateia de cinema, faz-nos questionar o tempo em que vivemos.

Nas descrições que a mídia nos fornece sobre o massacre em que patologia mental e drogas se mesclam, podemos perceber que o tiro no espelho foi o último fio que amarrava aquela intensidade vulcânica. Quando esse "suicídio" foi cometido, essa intensidade dantesca pôde exprimir-se, pois o que é metralhado é sua própria imagem e o conjunto ético de seus valores.

Chamou-me a atenção o fato de que um segurança particular, que estava no toalete e foi provocado pelo rapaz, saiu dali e procurou o segurança do *shopping*. Ele não soube captar a intensidade do momento e o devir. Mas será que um contato mais intenso, um olhar que propiciasse mais contornos a esse rapaz naquele momento, não poderia ter dado outro rumo àquela tragédia? Nota-se que as palavras dirigidas ao segurança não receberam resposta alguma, sendo uma lacuna da função paterna que se presentifica, a meu ver, último alerta que teria sido dado antes de ocorrer o desfecho.

A tragédia poderia ter sido maior, pois, com certa astúcia por parte do estudante, não sairia ninguém vivo daquela sala. Em um vacilo seu, um rapaz saltou sobre ele e o conteve. Não me parece que tenha sido simplesmente uma contenção, mas a possibilidade de um corte, de uma interdição. O respeito ao próprio corpo e à dor que isso provoca parecem não gerar mais consequências no social.

Chegamos a um momento histórico em que é necessária a produção de uma ética que sustente a intensidade e as transformações de nossa época. A ética é uma postura de enfrentamento do *novo*, novo esse que ainda não está codificado. Isto é devir. Assim sendo, ela é criação no coletivo que responde a situações que estão sendo geradas.

Nessa produção/criação que ocorre incessantemente, tanto na subjetividade como no social, é necessária uma auto-organização e uma organização. Para que isso possa se dar, a ética tem de ser concomitantemente tecida nesse emaranhado. As formas produzidas têm de ter as tinturas da ética. Auto-organização, organização e ética são tecidas juntas.

Ao falar dessa ética tecida em concomitância, no *acontecimento*, na altíssima intensidade, reportando-nos ao já mencionado ocorrido no Morumbi Shopping, tomando as palavras de um dos rapazes que conteve o estudante:

> Agora que estou me dando conta de que poderia estar morto. Tenho que agradecer a Deus pela vida. Acho que ele atirou por uns dez segundos, mas pareceu dez anos. Quando fui ajudar a segurá-lo (o atirador), queria acabar com ele. Poxa, é ruim dizer isso, mas você vê mulher caindo com tiro na cabeça... vai querer fazer o quê? (Folha de S. Paulo, 1999, p. 5)

O rapaz que conteve o estudante disse que queria acabar com ele, porém, não estava sozinho. Como o estudante não ofereceu resistência, a atitude do grupo foi pacífica. Assim, percebemos como sentimentos extremamente polarizados, como furor assassino e pacifismo, engendrados em concomitância, puderam ter uma saída ética.

Essa saída ética que aconteceu num transbordar da intensidade afetiva no campo social, num primeiro tempo nos deixa a todos perplexos e, num segundo, permite-nos salientar uma articulação muito importante, que é a conexão entre a autoridade e esse transbordar. A palavra *autoridade* provém do verbo latino *augere*, que significa *aumentar*. Ou seja, temos a tradição histórica e os transbordamentos que nela ocorrem nos levam aos acontecimentos e à produção do novo dentro de diversos contextos.

Os acontecimentos narrados, que transbordam as nossas tradições e que, em princípio, produzem o horror, podem, no âmago mesmo do acontecimento, fazer pulsar uma produção ética. Tal produção, que provém do acontecimento, é um transbordamento – um "a mais", isto é, um aumento – que deve ser incorporado à cultura. A ética não pode ser vista só como código, mas fundamentalmente como criação do devir histórico que propicia uma nova organização no seio dos acontecimentos históricos com a apropriação pelo social desse acréscimo gerado no acontecimento.

Outro fato que também merece ser analisado: o próprio estudante, ao render-se pacificamente ante a prisão em flagrante, mostra-nos alguma referência à lei. Na altíssima intensidade, uma expressão ética aparece de maneira forte. Isso nos mostra que nesse momento, nesses acontecimentos próximos do caos, é possível gerar formas criativas de esperança e de solidariedade.

Farei agora uma pequena digressão histórica a respeito das artes no período final da Renascença, período esse de altíssima intensidade que transformou o Ocidente e que também fez a ponte – a passagem – entre a Idade Média e a Idade Moderna. Esse pequeno recorte que gostaria de ressaltar seria o último período do Renascimento nas artes denominado *maneirismo*, que se caracterizou pelo impulso de artistas que queriam demonstrar que a perfeição e a harmonia não eram a última finalidade da arte. Assim, no início do século XVI, descobriu-se um conjunto de esculturas do século I a. C. que causou profunda impressão em alguns artistas da época, por serem essas peças completamente diferentes do ideal apolíneo que reinava na Renascença. Essas peças de mármore tinham expressões extremamente dramáticas e teatrais. Essas características trágicas, dionisíacas, apontavam para um período pré-socrático, assinalando uma passagem que desdobraria no Barroco (*apud* Merleau-Ponty, 2002).

Por volta de 1520, a geração de Michelângelo e Rafael parecia já haver feito tudo o que de importante pudesse ser alcançado na estética plástica clássica. Isso era o que contaminava o imaginário da época. Assim sendo, a próxima geração parecia fadada ou ao insucesso ou a perseguir esse ideal de perfeição clássica.

As características da produção clássica, que eram o repouso, a ordem, o equilíbrio e a sobriedade das disposições, já não eram suficientes para esse último período intenso da Renascença, o maneirismo que antecedeu o Barroco. Muitas de suas evidências já começavam a despontar.

A perfeição da natureza (nesse tempo ainda se acreditava numa natureza perfeita) não é a única direção e não é mais o que ambicionam os artistas. O que seduz os artistas dessa escola é o caminho do desenvolvimento de uma habilidade singular.

Os contrastes de luz e sombra são uma característica importante no século XVI no campo artístico, trazendo-nos a ideia do olhar do artista na própria tela. São a subjetividade e a objetividade mescladas sem fronteiras definidas que começam a impor-se no ocidente. No campo científico, isso só ficará claro por volta de 1930, com o princípio da incerteza e os avanços da física quântica, que já não separa radicalmente o sujeito do objeto. As ideias de perfeição na ciência começam a desmoronar.

Como dizia anteriormente, todo o Renascimento foi um período intenso. Essa intensidade no campo das artes, a meu ver, atinge seu ápice com El Greco. Os raios luminosos presentes em suas obras A *Assunção* e A *Coroação*[3] atingem potências altíssimas. Essa passagem propiciou um salto em potência. O

[3] Ambas de 1613, encontram-se expostas no Museu de Santa Cruz, Toledo, Espanha.

uso da luz e da sombra possibilitou um outro olhar, um olhar de intensidade, que as artes ainda não haviam experimentado. É o olhar do autor na produção do quadro e o olhar do espectador que recebe essa intensidade gerando momentos fusionais em que sujeito e objeto se mesclam. Artista e público se fundem em algum momento e após essa vivência ocorre uma transformação.

Na tela de El Greco, *O enterro do conde de Orgaz*, vê-se, aparentemente, uma linha divisória entre o mundo terreno e o mundo celestial. Através de dobras e desdobras desses dois universos, as figuras se alongam; contudo, não se rompem. Em um primeiro olhar tem-se a ideia de uma linha divisória, de uma fronteira entre a Terra e o Céu. Entretanto, não é de uma linha divisória o que se mostra nesse quadro. Trata-se de um espaço trans entre mundos diversos. A concomitância da tristeza terrena ali vivida e a chegada ao Céu é a tentativa de apreensão de um devir. A meu ver, essa é a riqueza dessa obra, que flagra o devir. Não o representa.

El Greco apresenta-nos toda essa intensidade afetiva. Ao vermos esse quadro, mergulhamos nessas intensidades e vivemos essa complexidade. Mesmo estando em outro século mergulhamos naquela atmosfera.

Toda essa digressão, passando por El Greco, é por perceber que a Psicanálise atual pode se servir muito desse exemplo. Freud (1990h) já tratava, em seu texto sobre o narcisismo, de todas as vicissitudes fusionais sujeito/objeto e suas possibilidades de diferenciação, mostrando que, na formação do eu, seria necessário um movimento especial; e isso direciona para uma ação, uma intensidade.

No campo das artes contemporâneas, acredito que dois pintores conseguem suscitar reações de altíssima intensidade: Francis Bacon e Lucien Freud.

Francis Bacon, fazendo uso da mesma temática de uma obra de Velásquez, *Papa Inocêncio X*[4], transforma-a de uma forma em que o tempo lento de Velásquez será tomado pela altíssima intensidade pulsional de nossos tempos. Velásquez pintou-o de forma extremamente sensível e com rica captação de detalhes, tanto na expressão do rosto como nas texturas e tonalidades das vestes. Trabalhando com esse quadro, Francis Bacon nos presenteia com outra obra[5] (Archimbaud, 1993, p. 142-143), já totalmente mergulhada na contemporaneidade, em que a intensidade toma por completo o quadro, criando linhas de força que transbordam totalmente o campo de Velásquez. Algo se mantém e, ao mesmo tempo, tudo muda, tudo transborda. A repetição está presente, porém manifesta-se de forma diferenciada. Um "a mais" faz a diferença entre essas duas obras.

Nessa Psicanálise podemos pensar no analista considerando seu universo cultural, nele mergulhado e, concomitantemente, na relação analítica, permitindo-se viver *acontecimentos* em que o novo e o disruptivo estejam presentes; aproveitando *a posteriori* de seus pontos cegos para dar saltos de potência

[4] 1650, em exposição na Galleria Doria Pamphilj (Roma, Itália).

[5] Study after Velázquez Portrait of Innocent X, de 1953, em exposição em Des Moines Art Center, Coffin Fine Arts Trust Found.

nessa relação transferencial. Esses paralelos que faço com os pintores, ressaltando a intensidade e o tempo lento, a repetição e a compulsão de repetição, leva-nos a pensar a Psicanálise dos tempos atuais em que a intensidade é preponderante.

O analista escuta pelos entremeios, nos desvios da linguagem, como nos lapsos e nos sonhos. Em seu exercício clínico, capta as intensidades, torna-as sensíveis. Isso surge nos movimentos transferenciais e liberta a vida contida nas malhas da linguagem que estava cristalizada e através dos lapsos e dos sonhos, ganham linhas de fuga.

O analista e o analisante se reposicionam nesse jogo de singularidades e intensidades.

A Psicanálise utiliza-se da transferência como referência a um tempo, mas também pode captar a irreversibilidade do tempo analítico que, ao mesmo tempo, é *vida* e produz novas *formas* no interior dessa relação. As perspectivas, as cores e a luminosidade dessa relação são potencializadas de acordo com a dupla analista/analisante que, em sua convivência, produz o *novo* e o singular.

A transferência é um conceito que necessita da categoria tempo. Em 1814, Laplace (*apud* Prigogine; Stengers, 1992) já pensava o tempo como totalmente reversível, um tempo sem criação. Esse tempo jamais produz o novo. Na contemporaneidade, pensamos que a vida é produção contínua e irreversível. A vida é pulsional e produtora de novas formas. A vida é mutação e perene movimento. Essa mutação na relação transferencial é sempre singular, sem deixar de abranger todo o instrumental teórico e prático que a Psicanálise já produziu até hoje.

O cerne desta questão é o tempo, irreversível e produtor de formas novas nas quais podemos habitar. Formas que jamais haviam sido imaginadas podem ser criadas nesse tempo produtor que a Psicanálise nos presenteia por meio de suas categorias, como a transferência, a compulsão à repetição, repetição, pulsões e muitas outras. Todos esses conceitos necessitam ser articulados ao *fluir* e não aos estados estáticos como num filme[6].

A movimentação dos estados estáticos nos dá a ilusão da movimentação e o filme pode ser até muito movimentado, mas aí reside o engodo. O filme pode ser acelerado ou retardado, porém ele é sempre o mesmo filme em sua materialidade. Com isso não estou dizendo que a expressão artística, por intermédio do cinema, não possa atingir paroxismos. Faço referência a tudo isso porque quero chegar a outro lugar: a sessão psicanalítica.

O fluir não é uma série de estados justapostos. É uma multiplicidade indivisível. O fluir é *vida* e, portanto, a própria emanação da pulsão é um impulso ininterrupto. Se o *fluir* não fizer parte da sessão psicanalítica, esta nunca poderá colocar fachos de luz em regiões escuras pretéritas ou em regiões escuras que acabam de ser produzidas como fruto dessa relação. Esse *fluir* é criação contínua e propicia o surgimento ininterrupto do *novo*, ou seja, a sessão psicanalítica é uma auto-organização

[6] Entende-se por *estados estáticos* a própria materialidade do filme, que seria a sequência de imagens congeladas que, colocadas em movimento, dão-nos a impressão de continuidade.

em perene movimento e que pode produzir o *novo*. É uma organização viva, diferente da organização de um filme.

O ponto que quero enfatizar na concepção de uma sessão psicanalítica é que, da intensidade do *fluir*, surgirão novas formas que, por sua vez, organizar-se-ão dando outras novas formas. Vemos aqui a límpida orquestração das pulsões de vida: fluxos pré-representacionais de momentos apresentacionais que se auto-organizarão no fluir da intensidade afetiva.

Em um sentido regressivo, esses fluxos um dia também aconteceram na relação com a mãe ou com quem quer que tenha ocupado o lugar da função materna. Na relação com esse lugar desejante materno existiam afetos e sensações que, por meio dessa função, estavam sendo transmitidos. Grande parte dessa relação se passa fora do universo representacional significante: passa-se num universo de intensidade assignificante, que é o universo de usina responsável pela abertura do sistema psíquico.

O sonho é da ordem da linguagem, da produção intrapsíquica e da ordem desejante. O sonho traumático é da ordem da intensidade; envolve, portanto, a cultura e pode também trazer a produção do novo.

A construção de um conceito que explique o sonho traumático como um canal possível para que a intensidade traumática da ordem do *acontecimento* possa ganhar forma e inscrição no aparelho psíquico é imprescindível para que possamos nos aproximar da ideia de desdobramento e da ideia de metáfora.

O desdobramento é um processo que envolve intensidade e metamorfoses. A metáfora é uma figura de linguagem articulada ao campo representacional e o desdobramento é do campo do fluir.

Freud afirma:

> É opinião geral que a união de numerosas células em uma "sociedade" vital, o caráter pluricelular dos organismos, constitui um meio para a prolongação de sua vida. Uma célula ajuda a preservar a vida das outras, e esse "estado" celular pode sobreviver ainda que algumas de suas células morram. (1990l, p. 49)

Nessa citação aparece a possibilidade do desdobramento. As palavras *sociedade* e *estado* indicam que há uma organização no nível biológico e uma organização no nível social em funcionamento e que uma não pode ser reduzida à outra. Ambas articulam-se em níveis de complexidade completamente diferentes e isso não é metáfora. É desdobramento.

Assim sendo, na Psicanálise ou, mais precisamente, na sessão psicanalítica, lidamos com essas duas categorias: desdobramento e metáfora. No *acontecimento* ambas estão presentes. O desdobramento é mais regressivo, pois é pré-verbal e pré-representacional, portanto, aquém do recalcamento primário; a metáfora, por sua vez, é sempre além do recalcamento primário. O desdobramento é do universo da pulsão de morte, porém está pensada como positividade, como potência sem meta, sem objeto. A pulsão de morte é da ordem do que Nietzsche (apud Deleuze, 1988) conceitua como forças ativas – forças da leveza e da ligeireza –, que são a dança, o riso e o jogo. São forças, são intensidades da ordem da afirmação, afirmação primeira em contraposição às forças reativas que seriam a má consciência, o ideal ascético e o ressentimento, que são da ordem da negatividade.

Tais articulações com as ideias de Nietzsche podem nos ser úteis para tentar alçar a Psicanálise para fora do âmbito da reação e da negatividade em que temos as neuroses como possibilidades de expressões desse universo reativo. Se colocarmos o foco no homem neurótico, podemos ficar com essa ideia. Porém, podemos também postular o homem da criação, da inventividade e da afirmação das suas potencialidades sem necessariamente pensarmos o homem unicamente pelo viés do patológico, ou seja, pelo viés das neuroses, das psicoses e das perversões. Podemos pensá-lo pelo viés da criatividade e da alegria.

O livro lido na véspera
Vive nas artérias de meu corpo

8.

Corpo: o transgeracional no compasso da repetição e da criação[1]

"Isso eu gostaria que tu soubesses: existe na separação o mesmo mistério que há no encontro. Em ambos os casos uma porta se abre. No primeiro, abre-se para o passado. A porta é sempre a mesma."
Elie Wiesel

O tema de que trato aqui será apresentado de forma muito pessoal e particular, pois provém de minha própria clínica, do meu próprio viver e de minha subjetividade, atravessados pela produção de conceitos. Adentrarei, para tanto, nos campos da *sensação*, da *pulsão*, da *intensidade*, do *afeto* e do *corpo*. Trata-se, portanto, de um mergulho em um universo predominantemente *apresentacional* (pré-representacional), em que a função simbólica se encontra muito incipiente ou ainda está por ser

[1] Publicado originalmente no livro *Desafios para a psicanálise contemporânea*, organizado por Lucía Barbero Fuks e Flávio Carvalho Ferraz São Paulo: Escuta, 2003.

desenvolvida. Neste universo em ebulição, de grande intensidade, a relação mãe-criança acontece e se organiza. As formas que a intensidade caótica ganhará estarão na dependência da dupla mãe-filho. Tal produção de formas ocorre no domínio das sensações que provêm do campo pulsional da dupla. Por *sensação* entende-se aqui um fluxo real de intensidade que cria um corpo.

Nietzsche foi um filósofo que teve o mérito de trazer o corpo para um primeiro plano (1978). Sua ideia de movimento, dança, ritmo, jogo e de alegria contida nesse "baile orquestrado" desemboca em sua obra como condição fundamental para que a vida se transmita e se desenvolva. A dança, o riso e o jogo – conjunto que, na releitura que Deleuze (1967) faz da obra de Nietzsche, aparece como o arcabouço da vida – são as forças articuladoras da vida, que conduzem para a ideia de *fluxo*.

Em "Além do princípio do prazer" (Freud, 1990l) – texto de viragem na obra freudiana –, essa dança, esse riso e esse jogo se dão na produção – na formação – e nos desdobramentos do clássico jogo do carretel, denominado *fort-da*. Este jogo, primeiro jogo criado pela criança no âmago da relação dual, passa-se em um universo de alta intensidade, condição necessária para o surgimento das primeiras consistências simbólicas.

As saídas e as chegadas da mãe, em altíssimas intensidades no início – pois toda relação entre mãe e filho carrega um movimento de vida –, poderão, com o passar do tempo e da forma manejada pela dupla, produzir formas e redes simbólicas que alcançarão tonalidades de cores extremamente suaves e fortes, como os espetaculares alaranjados vistos durante o pôr do sol, ou os tons cinzas mortíferos paralisantes, portadores de poucas possibilidades simbólicas.

As intensidades vividas na relação mãe/filho produzirão um núcleo simbólico forte, que trará consigo a possibilidade do resgate histórico e geracional contido no conceito freudiano de *séries complementares*. Tais séries permitem que o fluxo pulsional carreie as formas produzidas pela ancestralidade, pelo vivenciar infantil e pelo vivenciar do adulto. Esse tripé possibilitará a funcionalidade de um sistema aberto que, por sua vez, permitirá o trânsito de posições e lugares ocupados e desocupados pela ancestralidade no universo da sensação. O fluxo e a melodia nele contidos – uma espécie de "partitura musical" – têm uma função marcadora que, dentro de um compasso, produzirá uma articulação com o universo das palavras e, por meio delas, poderão ser nomeadas as sensações.

O ritmo, a dança e o jogo articularão uma futura subjetivação que basculará entre a herança desejante e cultural contida no universo materno e toda a possibilidade do inusitado que esse novo sujeito produzido no pulsional da dupla poderá vir a criar em seu devir histórico. Como se vê, estou tomando como foco, neste trabalho, a relação mãe/filho, sem com isso menosprezar a importância da função paterna, que articularia outro importante campo.

Freud (1990a) questiona a ideia de um constitucional imutável através da herança. Ele colocou, assim, o movimento, a intensidade e a produção/criação no desenvolvimento desse conceito. Na relação mãe/filho, as sensações que a dupla promove mutuamente são fundamentais e constituintes para a organização e para a produção da subjetividade. A sensação abre *a possibilidade de se ter possibilidades*. Através dos textos freudianos, podemos rastrear toda uma arqueologia da constituição dos fluxos de sensação.

Como podemos pensar essa questão no decorrer transferencial de uma sessão? Ora, para que a vida pulse e aconteça na relação transferencial, devemos considerar os pontos cegos do analista no momento de sua intervenção. O psicanalista atira em algo e acerta em outro alvo, que só será percebido em um tempo posterior. Portanto, ele atua dentro de um sistema sem consciência racional dessa mudança, porém totalmente mergulhado em uma ética que está contida em sua formação perene e interminável. Este *interminável* faz que ele questione sua clínica por si mesmo, seja através de supervisões com seus pares, de seus estudos ou de sua própria análise. Essa constelação transcende e transborda, em muito, uma racionalidade; porém, não a cancela, pois, paradoxalmente, racionalidade e vivência na relação transferencial se articulam em algum lugar, embora não saibamos exatamente onde.

Freud (1990g) postula que "a angústia em primeiro lugar é algo que se sente" (p. 125) e, no decorrer deste capítulo, faz uma aproximação do conceito de angústia com o de afeto, ou seja, supõe que a angústia seja um tipo particular de afeto. E continua: "A angústia é, portanto, um estado especial de desprazer com atos de descarga ao longo de trilhas especiais"

(p. 126), ou seja, um corpo percorrido por fluxos de intensidades produzindo e formando caminhos.

Se pensarmos sobre a possibilidade de um corpo formado em seus primórdios por fluxos de intensidades assignificantes e significantes, somos levados à outra postulação que Freud faz no mesmo capítulo, que é a da "presença de um fator *histórico* que una firmemente a sensação de angústia e suas inervações" (p. 126). Vê-se que ele não postula um fator *biológico* nesta articulação, e sim um fator *histórico-cultural*; já está operando em sua obra, desde 1917, a mutação do que se entendia tradicionalmente como *constitucional* (Freud, 1990a).

Freud trabalha em campos múltiplos e complexos, nos quais o corpo está desde sempre mesclado pela cultura. Ele usa uma categoria de herança muito diferente daquilo que seria uma herança biológica. O que ele postula é uma herança contextualizada pela história no bojo da cultura, trazendo o conceito de *séries complementares* para um primeiro plano e criando, dessa forma, a possibilidade de entendimento da herança transgeracional. Ao fazê-lo, Freud fornece a possibilidade epistemológica para a criação de um método que possa abarcar as vivências das gerações anteriores, as vivências infantis e as vivências do adulto na formação de um sistema aberto para o campo pulsional em sua produção mais enigmática, que são as sensações. Ele propõe, então, uma hipótese sobre o processo pelo qual as vivências podem ser integradas em um *sistema de linguagem*.

Freud (1990g) aponta para o modo como se processa essa formação organizativa. Ele está dissertando sobre o par afeto/

angústia e percebe que tanto a angústia quanto os outros afetos podem ter uma origem comum:

> Opinamos que também os outros afetos são reproduções de acontecimentos antigos, de importância vital, pré-individuais, e que sua qualidade é de ataques histéricos universais, típicos e congênitos, os quais comparamos com os ataques da neurose histérica, que se adquire tardiamente e individualmente, ataques estes últimos cuja gênese e significado de símbolos mnêmicos nos foram revelados com nitidez pela análise. (p. 126)

Esta enigmática citação de Freud nos remete à possibilidade de o afeto ser trafegado através das gerações, assumindo, portanto, um caráter *transgeracional*. Esse trânsito afetivo intenso produz um fluxo de sensações que se passam em um corpo real e que, posteriormente, ganharão significação.

Nietzsche (1967), por seu turno, legou-nos a ideia de um corpo sempre atravessado por musicalidade, por compasso e por musculatura. Ele afirma "não confiar em ideia alguma que não tenha surgido ao ar livre e quando caminhamos, em nenhuma ideia na qual os músculos não tenham festiva parte". E continua: "Qualquer que seja o instrumento, embora se encontre tão desafinado como se encontra o instrumento 'homem', conseguirei sempre, exceto se estiver doente, tirar dele algum melodioso som" (p. 31). É a musicalidade, assim, que está em jogo: há uma escuta com ritmo.

Freud, desde os anos 1890, em suas postulações acerca do princípio do prazer, está atento a isso. Este *isso* que se produz no ritmo e na musicalidade, com a formulação de um princípio do prazer/desprazer como aumento e diminuição de tensão dentro de um sistema, já nos norteia para um território em que a formulação de base científica de aumento e de diminuição de tensão não será suficiente. O território a ser explorado será o da musicalidade, e o ritmo passará para um primeiro plano.

Freud (1990n) traz a ideia de pulsão como a expressão de uma força constante. O termo "constante" aponta para a indivisibilidade e para a perenidade dessa força no psiquismo enquanto houver vida. Ele afirma ainda que "a pulsão não atua como uma força de choque momentânea e sim como uma força constante" (p. 114). Nesse contexto, "constante" diz respeito a uma continuidade; portanto, o movimento da intensidade pulsional, no transcorrer do tempo e através de seu ritmo, é que produz a melodia contínua de nossa vida inconsciente.

Freud (1990d) postula o ritmo pulsional como o fundamental na movimentação das pulsões na orquestração da rede pulsional. Essa "orquestra geracional e transgeracional" é produzida e pode ser escutada e sempre atualizada na transferência.

O encontro entre Nietzsche e Freud que proponho aqui se dá na questão do ritmo, da dança, do jogo e da alegria, conceitos e ideias profundamente abordados por Nietzsche tanto em sua poética quanto em sua obra filosófica.

Encontramos a questão da intensidade, como aquele "fogo" ou aquele "gelo" que estão embutidos na ideia de pulsões em

Freud (1990l), no qual diz que "a pulsão recalcada nunca cessa de aspirar a sua satisfação plena, que consistiria em uma repetição de uma vivência primária de satisfação" (p. 40). É próprio da vivência a forma como tal situação foi vivida, sendo essa forma transmitida através dos fluxos nas séries complementares. A sensação mantém e produz formas que, atrelando-se a palavras, produzem a poesia.

A pulsão tem, portanto, um caráter de reprodução de um estado anterior, ou seja, ela é, por excelência, *conservadora*. Porém, há outro aspecto da pulsão, qual seja, o da *criação*. A pulsão carrega consigo a repetição e o novo. Sua intensidade provém das vivências que o corpo produz, sejam sinfonias ou sambas de uma nota só. Esse corpo está inserido na história dos tempos, nas diversas culturas e inclusive na mescla de seus componentes.

O grande pintor expressionista flamengo-brasileiro Johann Gutlich, por ocasião de importante desilusão amorosa, caminhou pela Europa em direção ao Marrocos e foi colhendo impressões da natureza ao longo do caminho. Suas impressões, surgidas em meio àquela intensidade afetiva, influenciaram profundamente sua obra, que contém sempre caminhos, linhas de fuga e profundidade de cores, transmitindo-nos intensa movimentação na tela. Certa vez, conversando com seu filho, este me contou que seu pai concebia seus quadros como se ele estivesse andando pelos campos e cidades.

Cabe a nós, analistas, na transferência que ocorre em nosso ofício, participar dessa orquestração e, com os analisantes, suportar muitas repetições e produções criativas, a fim de que uma nova melodia possa ecoar pelos vales e montanhas, disseminando a harmonia trágica como esporos ao vento. Tal orquestração inclui uma profunda articulação entre maestro e músicos. A orquestração psicanalítica, no compasso entre o corpo e o objeto, além de sinalizar para a questão do ritmo e do compasso, leva-nos ainda a questionar a ideia de *movimento*.

O fundamental na intervenção psicanalítica na transferência é a apreensão do movimento pulsional da dupla analista/analisante, pois, na maioria das vezes, o que tem sido considerado movimento e troca na relação transferencial não é sequer troca nem movimento, pois o que foi retido da troca é o que não troca, e, do movimento, o que não se move. O que se tenta é uma parada brusca, uma cristalização tanto do movimento como da troca, como se parássemos de repente um filme para podermos acercá-lo e compreendê-lo. A compreensão de um filme não provém da soma de suas partes, e sim da captação do seu conjunto, que sempre comporta mais significações do que a soma de suas partes.

No momento em que se dá a relação transferencial analítica, os *flashes* que provêm do conjunto das séries complementares da dupla em movimento precisam produzir outras formas, que ganharão, na relação, referência, consistência e consequência. É o "pulsar pulsional" da dupla em movimento que propicia o desenrolar da análise. Ora, trata-se de um ponto fundamental que concerne à técnica, pois Freud (1990l), nesse momento de mutação de sua obra, propõe claramente que sistemas isolados estão fadados à autodestruição. Ele utilizará, como metáfora de *sistema aberto*, uma experiência que o norte-americano Woodruf desenvolveu com organismos unicelulares, metáfora essa que indicará a direção dos sistemas abertos; portanto, sistemas que, na duração da troca, permitem a *auto-organização*.

Os seres unicelulares permaneciam em um ambiente aquoso com substâncias alimentares. Foram feitos experimentos até a geração 3.029, e o que se obteve foram unicelulares em ótimas condições, o que não aconteceu quando não se trocavam os infusórios. Freud (1990l) afirma, assim, que os sistemas vivos que não trocam infusórios só têm um caminho: a morte.

Freud abre, desse modo, a possibilidade de concebermos a sensação não como um evento de natureza fenomenológica, mas de pensarmos, sim, que existem, no âmago daquilo que chamamos *sensação*, precipitados provenientes de gerações anteriores. Isso nos abre a possibilidade metodológica de rastrear o movimento e o trânsito desses precipitados, buscando produzir um mapeamento dos mesmos. Nesses precipitados, é possível localizar, através da escuta psicanalítica, *posições* e *lugares* ocupados e desocupados pelas gerações anteriores. As marcações contidas neste trânsito transgeracional organizam-se no ritmo e na movimentação; organizam-se, poderíamos dizer, neste *fort-da* transgeracional. Tal é a conexão que articula ritmo, movimento e intensidade com produção simbólica, conexão que aponta para as intrincadas, enigmáticas e complexas relações entre intensidade, ritmo, movimento e estruturação aberta da linguagem, pois esta percorre os tempos e se historiciza, abrindo caminhos para infinitos e disruptivos acontecimentos que produzirão o devir humano.

Na correnteza dos parágrafos
Palavras transbordam páginas

9.

O FLUXO DO TEMPO[1]

"O final do devir, com todos os nossos suspiros,
já é experiência do passado".
Franz Kafka

Discorrerei, neste ensaio, sobre as ideias de *pulsão*, *intensidade*, *fluxo* e *tempo*, procurando enlaçá-las com as dimensões da vida e do vivente para, por fim, chegar ao conceito de *oportunidade*.

A evolução da vida sobre a Terra – trabalho que está acontecendo há bilhões de anos e trata da construção de organismos – é *surgimento de problemas e soluções*. Por *organismo* entenda-se qualquer corpo cuja conformação é concebida como um ser vivo. A vida é uma constante pulsação na qual ocorrem expansões e retrações, sístoles e diástoles, que são, portanto, oscilações de intensidades que, com o decorrer

[1] Publicado originalmente no livro *O sintoma e suas faces*, organizado por Lucía Barbero Fuks e Flávio Carvalho Ferraz. São Paulo: Escuta/Fapesp, 2006, pp. 14-18.

do tempo, vão produzindo novos contornos. Tal movimento ritmado se caracteriza pela evolução perene das formas, sejam concretas ou abstratas, que vão da metamorfose das crisálidas às figuras de linguagem, na qual se faz presente o impulso vital em orquestração. Vida é movimento e troca entre sistemas. Quando o movimento cessa, o organismo morre.

O primeiro grande obstáculo aparece quando começamos a desenhar essa concepção de solução de problemas. No universo dos viventes, deparamos com os sistemas abertos, e aí as soluções lineares são um aspecto menor. Sistema aberto é aquele que produz trocas em incontáveis níveis. O ser vivo, por exemplo, necessita do oxigênio que vem da atmosfera, dos alimentos que contêm carbono; ele próprio é alimento para outras cadeias alimentares, fato que forma sistemas ecológicos abertos. A vida alimenta-se de vida em todos os seus desdobramentos: quando escutamos uma sinfonia ou admiramos quadros em uma exposição estamos nos alimentando de vida.

No campo do vivente surgem questões das contradições e dos paradoxos, que não podem ser resolvidas. Podemos, no máximo, transitar por elas, transformá-las e desdobrá-las.

Nossa memória ancestral está sempre nos empurrando para o âmago do nosso presente. A *duração*, que consiste num condensado da memória com o presente, é o que carregamos dentro de nós e que se atualiza em forma de pulsões. A vida pulsional age e tende em múltiplas direções que, em nossa subjetividade, vivemos como intensidades que formam o arcabouço do nosso universo de afetos. As intensidades, as vivências ancestrais e transgeracionais, os afetos e as sensações se organizam de alguma forma. Pensemos as *pulsões* como um *conceito onda*, cujo movimento traduz a ideia de fluxo embutida na própria concepção do universo pulsional.

As organizações são compostas de fluxos biológicos, psíquicos e sociais. No plano biológico, temos o fluxo sanguíneo, o digestivo, o biliar e muitos outros. No plano psíquico, temos os fluxos de ideias, a partir dos quais Freud (1990j) pôde elaborar o conceito de *associação livre* que, como sabemos, são fluxos que podemos acompanhar através da escuta dos discursos. O nascedouro da Psicanálise encontra-se exatamente aí. No plano social, temos os fluxos migratórios, políticos, partidários e muitos outros. Portanto, o que é real não é o perene e o parado, e sim o movimento e o fluxo. Assim, para que a vida seja possível, é preciso que haja movimento em algum lugar. A pulsão é a usina da vida. A pulsão é um jorrar de intensidades constantes do início ao fim da vida.

Esse *constante* diz respeito a um pulsar que, no espaço vital, nunca cessa. É extremamente variável quanto aos fluxos que se formam e ao ritmo que desenvolve. Assim sendo, o sintoma é expressão simbólica de um processo conflitivo que foi passível de ser apreendido. É uma repetição do que ficou atravancado, estagnado no campo das representações, como uma fobia de avião. No sintoma encontramos uma condensação de impressões e de marcações: maternas, paternas, dos amigos, políticos, midiáticos e outros.

Nosso mundo atual está bastante acelerado. Muito se vive em *tempo* real na mídia, na internet e na possibilidade de rapidez de locomoção. A verificação do aumento numérico da síndrome de pânico aponta para isso. Pois, para que se forme essa condensação, necessitamos de um tempo lento, de tal forma que o simbólico possa criar condições de se processar.

Atualmente, observamos o aparecimento imediato de um colapso da representação e um mergulho na vertigem do real (Lima, 2000). Isso mostra que o movimento não é um somatório de imobilidades e sim transformação e desdobramentos sem parada.

Se, no tempo de Freud, o mal-estar na cultura passava pelo recalcamento das representações com componentes libidinais, ou seja, no universo das pulsões sexuais, hoje a situação se passa no âmbito do caos, da intensidade sem representação, portanto, no contexto da pulsão de morte. Naqueles tempos, as manifestações da sexualidade tinham de ser recalcadas, e a expressão disso eram os sintomas, que são uma tentativa de paralisação do fluxo.

Hoje, temos um *real* que se impõe intensamente, não permitindo que os processos psíquicos se organizem, conduzindo a uma dificuldade ou impossibilidade de *subjetivação*. Essa operação instaura o caos, trazendo como consequência o que poderíamos denominar "patologias contemporâneas", como as adicções, o narcisismo mortífero, as dissociações radicais, as anorexias e outras ligadas às altas intensidades não codificadas pela subjetividade e pela cultura.

Nossa época está fracassando na possibilidade de transmissão ética através de nossas instituições sociais. Na época de Freud, pelo contrário, as instituições eram extremamente fortes e rígidas, em especial a família. A figura do pai era claramente delineada, sendo que qualquer alteração dos componentes dessa figura trazia implicações. A função paterna era exercida, sua não aceitação gerava como consequência o recalcamento. Hoje, com tantas transformações no campo social, outras vicissitudes surgiram e o caos tornou-se preponderante.

Os mecanismos neuróticos de defesa ainda estão presentes. Porém, precisamos pensar em novas estratégias para lidar com o caos. Como este provém da cultura hiperintensiva, o universo simbólico não consegue se orquestrar. Temos carência da formação do universo simbólico, e a consequência disso é um mundo mergulhado na ação e na imagem.

Esse mundo intenso pós-moderno tenta excluir as formas simbólicas que se caracterizam pelo escoamento contínuo que segue um fluxo. Podemos pensar aqui na ideia de Heráclito de que jamais entramos duas vezes nas mesmas águas de um rio (Bornheim, 1977, p. 41).

As formas simbólicas são como enzimas catalisadoras numa experimentação química em que o produto que está sendo formado é a subjetividade. Não existe um sujeito autoengendrado – ideal da contemporaneidade – que seria aquele que não deve nada às outras gerações, ou seja, aquele que é apenas efeito de si mesmo. O autoengendramento é a própria negação da oportunidade.

Percebemos esse reflexo nesse início de milênio, em que personalidades narcísicas que só almejam viver em torno de seu cordão umbilical se multiplicam. A solidariedade é esquecida. Com isto, notamos exaltações personalistas e o desejo de sucesso imediato como forma de mudança no campo social. É o fim das utopias.

Não se produzem sujeitos sem que organizações simbólicas estejam operando. A importância da literatura na cultura pode ser tomada como exemplo da expressão do que sucede no mundo desejante da coletividade, produzindo e trazendo o novo para a tecedura do sujeito e do social.

Para haver criatividade, para que a *arte* possa acontecer e se expressar, é necessário um clima de inspiração, recolhimento e contemplação, que são as condições *sine qua non* para que o tempo lento seja possível. Nessas condições, nossas antenas parabólicas captam, expandem-se, e podem dar forma a um conjunto mais amplo.

Nos meus tempos de faculdade, quando li pela primeira vez *Em busca do tempo perdido*, de Proust, achava insuportáveis aquelas descrições ininterruptas. Alguns anos depois, ao reler a obra, percebi e senti que aquelas descrições sem fim ganhavam movimento, encadeamento, vibração e ritmo, animando o texto como se estivéssemos dentro da obra e, simultaneamente, observando-a. Essa é a magia que o simbólico pode operar na literatura através das expressões estilísticas.

A contemporaneidade tenta assassinar o simbólico e ressaltar o universo das imagens, o que traz como consequências afecções que atingem diretamente o corpo. A não aceitação da velhice, a explosão desmesurada do botox, as cirurgias plásticas sem fim são tentativas de reter o movimento do tempo. É um sintoma mortífero de nossa época.

A cultura que só releva o que é jovem enfrenta um paradoxo. Recentemente, li a declaração de uma modelo que começava a se sentir velha aos 23 anos, enquanto atualmente se sabe que, pelo desenvolvimento científico que se dá a partir das pesquisas com as células-tronco, brevemente poderemos almejar viver mais de cem anos. Essa modelo estaria fechando as portas para qualquer tipo de oportunidade que a vida pudesse lhe oferecer, e já vemos surgir um processo depressivo em seu horizonte.

Para exprimir a ideia de oportunidade, vou expressá-la mediante uma alegoria. Pensando o nosso mundo psíquico como um castelo medieval, poderíamos viver nele como no passado e repeti-lo em exaustão em suas formas pretéritas. Nós nos sentiríamos como membros da realeza daquela época, o que significaria viver numa compulsão de repetição. Isso seria extremamente mortífero. Poderíamos, ao contrário, reformá-lo e, quando a reforma ficasse pronta, experimentaríamos o *novo* e a possibilidade de transformar aquelas formas num lugar onde vamos viver hoje. Se o transformássemos em uma galeria de arte, colocaríamos os quadros nos lugares onde receberiam melhor luminosidade e usaríamos de toda tecnologia disponível para que melhor pudéssemos observá-los. Usaríamos recursos de alta tecnologia para iluminação, segurança, estética.

Aproveitaríamos o arcabouço do castelo e complementaríamos com tudo o que o novo pode nos oferecer. É a isso que chamo *oportunidade*: são os estímulos que nos dão a potência para transformarmos o castelo.

O pulsional é o movimento da vida. Portanto, a junção dos estímulos com a orquestração do universo pulsional nos possibilita a discriminação e a escolha. Assim sendo, podemos criar nossas próprias trilhas, que são as emanações do nosso mundo *desejante*.

A subjetividade está perenemente em transformação. Ela se transforma a si mesma e se rearticula procurando novas possibilidades de existência no conjunto da sociedade. Dessa maneira, o sujeito não é só fruto de sua ancestralidade, tanto genética quanto cultural. Ele pode, sim, criar, através das oportunidades que vivencia, novos fluxos ou novas correntezas que o conduzirão para outros portos nunca antes trafegados.

No mundo atual, em processo de globalização, oportunidade é poder desembarcar em novos portos, absorver informações, expressões simbólicas, abrir possibilidades comerciais, culturais, usufruir desse novo contexto buscado e, concomitantemente, poder levar para esses lugares seu próprio universo, mesclando-o com novas culturas sem perder as suas próprias referências éticas.

Oportuno deverá ser o fruto da discussão de tudo isso.

10.

Desdobramentos: no fundo do inconsciente, dobras ancestrais[1]

"O que herdaste de teus pais
Adquire, para que o possuas,
O que não se usa, um fardo é, nada mais,
Pode o momento usar tão só criações suas."
J. W. Goethe, Fausto

Neste trabalho, pretendo desenvolver o conceito do complexo de Édipo como *Desdobramentos*, utilizando três momentos da história da cultura ocidental:

1. *Édipo Rei*, tragédia de Sófocles, 427 a.C.
2. *Os anos de aprendizado de Wilhelm Meister*, romance de Goethe, 1795.
3. *Tetro*, filme de Francis Ford Coppola, 2009.

---

[1] Publicado originalmente no livro *Psicanálise em trabalho*, organizado por Flávio Carvalho Ferraz, Lucía Barbero Fuks eSilvia Leonor Alonso. São Paulo: Escuta, 2012; p. 113-22.

Resumidamente, seguem recortes dos tópicos principais de cada uma das obras que comporão a abordagem conceitual a ser desenvolvida.

1. Na tragédia, Laio, ao ouvir de um oráculo que seria morto pelo próprio filho, tenta evitar a catástrofe entregando o filho recém-nascido a um criado, que recebe a ordem de matar a criança. No entanto, o criadonão obedeceo mestre e entrega o bebêa um pastor. Através dessas peripécias, a criança chega às mãos do rei de Corinto, que o cria como filho e recebe o nome de Édipo. Muito tempo depois, Édipo escuta de um oráculo a profecia de que matará seu pai e casar-se-á com sua mãe. Desesperado, foge da cidade e, no caminho para Tebas, encontra Laio. Embora não se conhecessem, os dois brigam e, em um momento de muito nervosismo, Édipo mata Laio, seu verdadeiro pai. Após esse assassinato/briga, Édipo decifra o enigma da Esfinge, e, nessa circunstância, recebe como recompensa a mão de Jocasta. Casa-se com ela e tem vários filhos. No desfecho da tragédia, toda a trama vem à tona. Jocasta, sua mãe e esposa, suicida-se por enforcamento, e Édipo fura os próprios olhos, partindo para o exílio.

Ainda sobre *Édipo Rei*, um desdobramento das narrativas anteriores de Homero e Ésquilo, vejamos como o protagonista e outros personagens vãose transformando no seio da cultura grega:

Em *Ilíada* (Homero, 23, p. 679-80), narra-se que Édipo morreu em uma batalha e a descrição não contempla a cena na qual ele perfura os próprios olhos – elemento fundamental na narrativa de Sófocles. Na tragédia, o ato pode ser entendido como o momento/ação em que Édipo incorpora e torna-se consciente de uma ética, sendo que, para Freud, tal acontecimento é reconstruído e desdobrado no conceito de castração. Nesses primórdios também não se dá a consulta oracular.

Já em *Odisseia* (Homero, 11, p. 271-80), surgem o suicídio de Jocasta e a ação das Eríneas, que no universo mitológico grego são divindades vingadoras do mundo dos mortos.

A trilogia composta por*Laio*, *Édipo* e *Sete contra Tebas* (Ésquilo, 467 a.C.), anterior a Sófocles, também acrescenta alguns elementos sobre a tragédia tebana. Nos fragmentos que sobraram das peças, Laio é descrito como sedutor de Crisipo, filho de Pélops. Esse relacionamento homoerótico de Laio com Crisipo é que condenaafamília de Édipoà maldição.

Em *Édipo Rei*, essa passagem sofre uma elipse, e o incesto ocupa o lugar central da tragédia. Homero encontra-se nos primórdios da cultura grega, ou seja, bem mais de mil anos antes do século V a.C.,século em que foram produzidas as tragédias sobre Édipo. Referindo-me a Ésquilo e Sófocles, demonstrarei de que formaos elementos e personagens desdobram-se na cultura grega, mostrando uma transgeracionalidade cultural.

2. No romance de formação *Os anos de aprendizado de Wilhelm Meister*, em que ressaltarei o que será chamado de "Édipo de Mignon", o autor inicia a narrativa pelos avós da

protagonista, trazendo um elemento de mistério, pois Mignon é filha de um casal de irmãos, filhos daquelesavós; consequentemente, ela não tem quatro, mas somente dois avós. Goethe (2006) traz, com riqueza de detalhes, o caráter do avô:

> [...] nobre e reto, ideias amplas, grandiosas, severíssimo consigo mesmo, incorruptível e moderado em suas ações. Exigia detodos as leis que impusera a si mesmo. Não podia gozar de nenhum prazer, porque nada se produzia como ele o havia imaginado. Quando adquiria uma propriedade grandiosa, era tomado de imensa raiva, pois se condenava à moderação e ao padecimento. [p. 548]

Com esse espírito, o avô dispunha de sua família e de sua fortuna, decidindo a profissão dos filhos. O filho Augustin, que foi encaminhado para a vida eclesiástica e futuramente será o pai de Mignon, vivia em extremos: "[...] abandonou-se completamente ao prazer de um delírio santo, [...] que bem depressa o fazia mergulhar num abismo de impotência e imenso vazio" (p. 549). Após a morte do pai, ele passa,eventualmente, a sair do monastério e interessa-se porSperata, uma vizinha da casa de sua família.

Nesse ponto desenrola-se a tragédia, pois Sperata é irmã de Augustin. Eles se apaixonam e se casam, concebendo uma filha, Mignon, fruto do incesto. Sperata havia sido deixada pelos pais com um vizinho, para que ele a criasse, com a justificativa de serem muito velhos para criaruma criança: a cidade não poderia saber que naquela idade eles mantinham relações sexuais. Mignon transforma-se, então, em filha da vergonha dos avós. Ela começa a crescer e a mostrar uma natureza singular: corre e move-se com muita destreza, canta e toca cítara, escala picos e dispara pelos bosques. Tudo o que é corporal, tudo que depende de sua aptidão física e motora, transcorre bem; contudo, é inábil com as palavras, pois pouco fala e expressa-se de forma monossilábica. Com tantas habilidades físicas, certo dia ela, ainda pequena, distancia-se demais e desaparece, sendo dada como morta.

Anos depois, Augustin parte à sua procura, em direção à atual Alemanha. Eles encontram-se e, sem se reconhecerem, sentem uma forte empatia. O pai é um harpista e Mignon, uma acrobata de pouca fala. Forma-se um elo entre o ritmo característico de um e a forma/movimento do outro. Mas Mignon morre durante uma brincadeira de corrida, no início de sua adolescência, em um momentode grande dramaticidade.

Toda a trama é muito mais complexa do que aquilo que pude resumir nesse recorte.

3. Em uma breve resenha do filme *Tetro*, destaco Benny, um rapaz de 18anos que sai embusca de seu irmão mais velho, Tetro, que não vê há muito tempo. Quando Benny chega à casa do irmão, encontra Tetro morando com a médica que o havia tratado em um episódio confusional, resultado de um relacionamento familiar enigmático. Descobre, posteriormente, que o irmão, na verdade, é seu pai.

A trama desenrola-se na busca de Benny por sua história, em uma família permeada por muitos segredos transgeracionais: o pai dos irmãos é o maestro Tetroccini. Tal mentira encobre o narcisismo do maestro, que fica com a namorada do filho, Tetro, e a transforma em sua mulher. Ela, porém, já estava grávida, gerando um filho que é, na verdade, filho de Tetro. Benny, portanto, busca o irmão e encontra o pai. Destaco também o papel das mulheres, as mães de Tetro e de Benny, ambas figuras trágicas e intensas.

***

Após a apresentação sucinta das três obras e apoiando-me nesses textos e na obra de Freud, buscarei construir o conceito e a figura de linguagem *Desdobramento*, que abordam uma transformação das noções de dentro e fora, parte e todo, sujeito e objeto, cheio e vazio.

Estando a ideia de desdobramento radicalmente ligada à de movimento, inicio a construção desse conceito alicerçando-me na embriologia. A grande dicotomia entre dentro e fora, superfície e profundidade, pode ser transformada quando imaginamos os primeiros desdobramentos dos folhetos embrionários que se processam no zigoto e que são formados pormórula, blástula, gástrula e nêurula. As dobras transformam em integração aquilo que, aparentemente, apresenta-se como dicotomia. Nos primeiros movimentos auto-organizativos do embrião, provenientes do encontro casual do espermatozoide com o óvulo, a vida começa a se desdobrar, e o produto desse processo, no caso do ser humano, é o nascimento de uma criança.

Embriologicamente, o ectoderma, que é um folheto embrionário, e portanto sujeito a desdobramentos, dá origem ao endoderma sem solução de continuidade ou interrupção. Assim sendo, do superficial surge o profundo e vice-versa, não existindo o dentro e o fora totalmente separados. Por isso, esse processo é uma figura exemplar de desdobramento.

A pele provém do ectoderma, que se desdobra em endoderma e dá origem ao sistema nervoso central, como podemos ver na figura embrionária (tridimensional). Ela nos mostra, através de dobras, como o ectoderma evolui para o endoderma, o que se dá por invaginações. A interioridade e a exterioridade intercambiam-se.

Forma Fractal do Desdobramento

Observamos como as intensidades, em um jogo vetorial, organizam-se com uma regra bastante simples: sucessivas invaginações gerando organismos complexos, processo que chamo de auto-organização. A figura do desdobramento ganha maior amplitude quando a derivamos para outros campos de nosso conhecimento: as dobras estão contidas em outros acontecimentos, como a formação da Terra.

Ao viajarmos, observamos as dobras de cores diferentes em cortes longitudinais das montanhas, que nos mostram processos de sedimentação ocorridos há milhões de anos. Na literatura o fenômeno se repete, como na obra *Em busca do tempo perdido*, de Proust, na qual, através dos signos, chegamos ao "tempo recuperado".

Com as dobras e desdobras, contidas na própria dobra, é possível percebermos suas pulsações no presente. As dobras não estão no passado, elas são o presente e projetam um futuro: é o próprio devir. Freud (1990a), em seu conceito de séries complementares, aponta para um aparelho psíquico que leva em consideração dobras ancestrais existentes nos confins do inconsciente, mostrando que o passado não está morto, e sim em um perene desdobrar, no presente.

Assim sendo, proponho *Desdobramento* como uma figura de linguagem por meio da qual podemos atualizar esse pulsar ancestral. Os campos filosófico e poético nos trazem elementos para essa formulação, com pensadores como FriedrichNietzsche e Paul Valéry, respectivamente, que, de certa forma, intuíram algo que, anos depois, a embriologia traria como uma descoberta em seu campo disciplinar: o dentro torna-se fora, o interior desdobra-se em exterior, através de movimentos contínuos. O filósofo, em *Nietzsche contra*

Wagner, diz: "Os gregos eram superficiais [...] por profundidade", enquanto o poeta afirma: "O mais profundo é a pele" (apud Merleau-Ponty, 2002).

A figura de linguagem *Desdobramento* diferencia-se de outras duas: a metáfora e a metonímia. Na primeira, encontramos um deslocamento de sentido, como, por exemplo, na expressão "os olhos são as janelas da alma". Tudo o que diz respeito à passagem por essas "janelas" ou por essa "abertura" pode chegar a significações da expressão.

Na metonímia encontramos algumas atribuições, sendo uma das questões a maneira como se processa, no campo da linguagem, a mudança do continente pelo conteúdo, de forma que, quando se diz "vou beber uma taça", é o vinho que vai ser bebido. Em outra vertente, temos a forma de poder exprimir uma parte por seu todo, como quando alguém afirma que "vai de vela" para algum lugar, referindo-se, evidentemente, a uma embarcação.

Uma expressão que pode exemplificar muito bem a figura da linguagem *Desdobramento* é "a borboleta foi uma antiga crisálida". Obviamente, a crisálida está contida na borboleta, mas para olhos desavisados ela passa despercebida. Trazendo essa figura para o campo transferencial psicanalítico, quando um analisante inicia seu processo de análise, não temos ideia de quais sejam as suas crisálidas, mas é possível encontrá-las através de seus discursos oral e corporal. Ressaltando que a pulsão é também da ordem do corporal e que nosso primeiro eu é um eu corporal, não podemos partir da cisão corpo-mente.

Freud (1990h) desmonta o conceito de sujeito-objeto como instâncias totalmente separadas quando, epistemológica e topologicamente, diz: "E em particular à neurose de transferência, o verdadeiro objeto de estudo da psicanálise continua a ser o resultado de um conflito entre o Eu e o investimento libidinal de objeto" (2010, p. 223). A transferência, portanto, é esse "entre", que representa o objeto de estudo da psicanálise.

Mais uma situação que devemos enfrentar é a que se refere ao cheio e ao vazio, outro aspecto que, a partir do campo da ciência, podemos desmontar. Gleiser (2011) afirma: "O espaço vazio não existe. Há um vácuo de flutuações de energia capaz de criar partículas de matéria [p. 13]". No universo subatômico, tudo existe em estado de movimento, e é nesse sentido que podemos pensar na pulsão de morte como pura intensidade e na capacidade de essa pulsão produzir novas formas.

Se construirmos a hipótese de que o vazio não existe, mas que o que existe é um espaço virtual e criativo, a dicotomia "vazio-cheio" também fica desmontada nesse novo paradigma. Gleiser finaliza dizendo: "Ou seja, de acordo com a física quântica, o espaço vazio não existe. Há um vácuo pleno de flutuações de energia capazes de criar partículas de matéria, mesmo que por alguns instantes. O espaço vira uma coisa que pode criar [p. 13]".

A mudança de paradigma ocasiona o questionamento do dentro e o fora, do sujeito e o objeto, da parte e o todo, do vazio e o cheio. Tais indagações alteram significativamente nossas visões a respeito da clínica e da teoria psicanalíticas, assim como o conceito e a figura de linguagem *Desdobramento*podem ser bastante úteis nesse momento de viragem.

Edgar Morin, filósofo e sociólogo, e Michel Cassé, físico, abordam a questão de como a curiosidade transitou dos hominídeos até nós:

> O que dizer, então, de nossa mente gerada no meio ambiente de uma evolução na qual os seres vivos, principalmente os hominídeos, e, depois, os humanos foram obrigados a resolver problemas práticos e problemas técnicos? A curiosidade já existia entre os chimpanzés, os camundongos e nossos primos mamíferos, mas, ao questionarmos as estrelas desde as primeiras civilizações na mais remota antiguidade, o *Sapiens* a tornou hiperdesenvolvida. Exploradora do mundo com Colombo e Vasco da Gama, essa curiosidade transformou-se em explorações do planeta, para, atualmente, converter-se numa exploração do universo. (Morin & Cassé, 2008, p. 66)

A citação serve de exemplo para que possamos pensar em como evoluíram os desdobramentos ocorridos nas espécies e em como a curiosidade desdobrou-se desde espécies ancestrais até a atualidade. Através disso, desejamos trabalhar a questão das séries complementares e apontar para a ideia do ritmo como possibilitador do trânsito e da transmissão, codificação/descodificação, que ocorrem dentro do conceito freudiano.

Em "O problema econômico do masoquismo", Freud (1990d) elabora que o ritmo é o elemento fundamental no funcionamento do aparelho psíquico. O ritmo dará a possibilidade de o aparelho psíquico receber a informação ancestral, aspecto fundamental para compreendermos a transgeracionalidade.

O mais importante no conceito de transdisciplinaridade é exatamente isso: sem as disciplinas perderem suas especificidades, elas podem se articular entre si, e o fundamental dessa metodologia não é detectar as fronteiras disciplinares, pois, no fundo, fronteiras não são fronteiras, mas membranas de passagem. Dessa maneira, o primordial não está em estabelecer os limites disciplinares, e sim as articulações disciplinares. Chamamos de sistema aberto freudiano a possibilidade de abertura ao ancestral, ao infantil e ao vivenciar adulto, uma porta aberta pela qual as vivências entrarão e modificarão as séries complementares. Temos um Freud já muito distante do determinismo do século XIX, que no pensamento de Laplace era visto como absoluto.

A poetisa Tolba Phanem faz uma análise antropológica sobre o ritmo em uma tribo africana. Ela diz:

> Quando uma mulher de certa tribo da África sabe que está grávida, vai para a floresta com outras mulheres e juntas rezam e meditam até que apareça a canção da criança. Sabem que cada criança tem sua própria vibração, à qual expressa sua particularidade, unicidade e propósito. As mulheres entoam a canção e cantam em voz alta. Logo retornam à tribo e a ensinam a todos os demais. Quando nasce a criança, a comunidade se junta e canta sua canção. Quando se inicia como adulto, todos se juntam novamente e cantam. Quando chega o momento de seu casamento, a pessoa escuta a sua canção. Finalmente, quando a pessoa está para morrer, a família e os amigos chegam perto de sua cama e, da mesma forma que em seu nascimento, cantam a sua canção para fazer a transição entre a vida e a morte.

Eis o ritmo como forma de colocar em funcionamento as séries complementares. A transgeracionalidade se dá pelo ritmo, que é transmitido de geração em geração. Culturalmente, as mulheres vão à floresta com a grávida para compor a melodia ancestral que marcará a criança em seu nascimento. O ritmo dá a cada um sua especificidade e sua singularidade, acompanhando a pessoa da infância à morte. A música é nossa linguagem ancestral e é o queorganiza nossa linguagem em palavras, dando-lhes ritmo. Quem não tem ritmo, não fala.

Referências bibliográficas

ALONSO, S. L. & LEAL, A. M. S. (Org.). *Freud:* Um ciclo de leituras. São Paulo: Escuta, 1997.

ARCHIMBAUD, M. *Francis Bacon in conversation with Michel Archimbaud*. London: Phaldon Press, 1993.

BERGSON, H. *A evolução criadora*. São Paulo: Martins Fontes, 2005.

BORNHEIM, G. (Org.). *Os filósofos pré-socráticos*. São Paulo: Cultrix, 1977.

DELEUZE, G. *Nietzsche et la philosophie*. Paris: PUF, 1967.

________. *Diferença e repetição*. Rio de Janeiro: Graal, 1988.

DELEUZE, G. & GUATTARI, F. *O que é a filosofia?* São Paulo: Editora 34, 1992.

________. *Mil platôs*. São Paulo: Editora 34, 1995.

DUCROT, O. & TODOROV, T. *Dicionário enciclopédico das ciências da linguagem*. São Paulo: Perspectiva, 2007.

FREUD, S. (1973). *Hysterie und Angst*.Frankfurt: S. Fischer Verlag, 1973.

FREUD, S. *A correspondência completa de Sigmund Freud a Wilhelm Fliess*. Rio de Janeiro: Imago Editora, 1986.

________. La concepción de las afasias. In:*Obras completas*. Buenos Aires: Amorrortu, 1979. v. 1.

________. Conferencias de introducción al psicoanálisis. Conferencia XXIII: Los caminos de la formación de síntoma. In: ________. *Obras completas*. Buenos Aires: Amorrortu, 1990a. v.16, p. 326-343.

________. De la historia de una neurosis infantil. In: *Obras completas*. Buenos Aires: Amorrortu, 1990b. v. 17, p. 19-52.

________. El porvenir de una ilusión. In:*Obras completas*. Buenos Aires: Amorrortu, 1990c. v. 21, p. 3-55.

________. El problema economico del masoquismo. In: *Obras completas*. Buenos Aires: Amorrortu, 1990d. v. 19, 161-168.

________. El yo y el ello. In: *Obras completas*. Buenos Aires: Amorrortu, 1990e. v. 19, p. 3-66.

________. Fragmentos de la correspondencia com Fliess. In: *Obras completas*. Buenos Aires: Amorrortu, 1990f. v. 1, p. 211-214.

________. Inhibición, síntoma y angustia. In: *Obras completas*. Buenos Aires: Amorrortu, 1990g. v. 20, p. 71-164.

________. Introducción al narcisismo. In: *Obras completas*. Buenos Aires: Amorrortu, 1990h. v. 14, p. 71-88.

________. La herencia y la etiología de las neurosis. In: *Obras completas*. Buenos Aires: Amorrortu, 1990i. v. 3, p. 139-156.

________. La interpretación de los sueños. In: *Obras completas*. Buenos Aires: Amorrortu, 1990j. vv. 4-5, p. 285-355.

________. Más allá del principio del placer. In: *Obras completas*. Buenos Aires: Amorrortu, 1990l. v. 18, p. 3-62.

________. Proyecto de psicología. In: *Obras completas*. Buenos Aires: Amorrortu, 1990m. v. 1, p. 339-447.

________. Pulsiones y destinos de las pulsiones. In: *Obras completas*. Buenos Aires: Amorrortu, 1990n. v. 14, p. 113-134.

GLEICK, J. *Caos*. A criação de uma nova ciência. Rio de Janeiro: Campus, 1994.

GLEISER, M. Folha de São Paulo. *Caderno Ciências*, p. 13. 06 nov 2011.

GOETHE, J. W. (1795). *Os anos de aprendizado de Wilhelm Meister*. São Paulo: 34, 2006.

HEISENBERG, W. *A parte e o todo*. Rio de Janeiro: Ed. Contraponto, 1996.

HESÍODO. *Teogonia*: a origem dos deuses. São Paulo: Massao Ohno/ Roswita Kempf, 1981.

HOUAISS, A. *Dicionário Houaiss da Língua Portuguesa*. Rio de Janeiro: Objetiva, 2001.

ISAACSON, W. *Einstein* – sua vida e seu universo. São Paulo: Companhia da Letras, 2007.

KANT, I. Crítica da razão pura. In: *Kant*. São Paulo: Abril Cultural, 1979. p. 170-180. (Coleção "Os pensadores").

KRAEPELIN, E. *Introduction à la psychiatrie clinique*. Paris: Navarin, 1984.

KRETCHMER, E. *Hysteria, reflex and instinct*. Leipzig: Greenwood, 1923.

LACAN, J. *Seminário I*: Os escritos técnicos de Freud. Rio de Janeiro: Jorge Zahar, 1979a.

________. *Seminário XI*: Os quatro conceitos fundamentais da psicanálise. Rio de Janeiro: Jorge Zahar, 1979b.

LEMOS, L. *Laplace*: 1985. Lisboa: Instituto Piaget, 1992.

LIMA, A. A. S. Além do princípio do prazer. In: ALONSO, S.; LEAL, A. *Freud:* Um ciclo de leituras. São Paulo: Escuta, 1997. p. 240-260.

________. A produção paradoxal de nosso tempo: intensidade e ética. In: FUKS, L. B.; FERRAZ, F. C. (Org.). *A clínica conta histórias*. São Paulo: Escuta, 2000. p. 233-246.

LIMA, A. A. S. *et al. Pulsões:* uma orquestração psicanalítica no compasso entre o corpo e o objeto. Petrópolis: Vozes, 1995.

MERLEAU-PONTY, M. *A prosa do mundo*. São Paulo: Cosac & Naify, 2002.

MORIN, E. *O método:* A natureza da natureza. Sintra: Publicações Europa América, 1980a.

________. *O método II:* A vida da vida. Sintra: Publicações Europa-América, 1980b.

________. *Introdução ao pensamento completo*. Lisboa: Instituto Piaget, 1991.

________. *Meus demônios*. Rio de Janeiro: Bertrand Brasil, 1977.

MORIN, E. & CASSÉ, M. *Filhos do céu*: entre vazio, luz e matéria. São Paulo: Bertrand, 2008.

NIETZSCHE, F. Assim falou Zaratustra. In: *Nietzsche*. São Paulo: Abril Cultural, 1978. p. 235, 244, 262. (Coleção "Os pensadores").

________. *Ecce homo*. Lisboa: Guimarães, 1967.

________. *A gaia ciência*. Rio de Janeiro: Martin Claret, 2007.

________. *Vontade de potência*. Rio de Janeiro: Ediouro, [s/d].

PHANEM, T. *A canção dos homens*. Disponível em: http://www.rotadapaz.blogspot.com.br. Acesso em: 14 fev 2012.

PASTERNAK, G. P. *Do caos à inteligência artificial*. São Paulo: EDUNESP, 1993.

PELLEGRINO, H. Édipo e paixão. In: NOVAES, A. *Os sentidos da paixão*. São Paulo: Companhia das Letras, 1987. p. 307-327.

POINCARÉ, H. *O valor da ciência*. Rio de Janeiro: Contraponto, 1995.

PRIGOGINE, I. *O fim das certezas:* Tempo, caos e as leis da natureza. São Paulo: EDUNESP, 1996.

PRIGOGINE, I. & STENGERS, I.*Anova aliança*. Brasília: Editora UnB, 1991.

________. *Entre o tempo e a eternidade*. São Paulo: Companhia das Letras, 1992.

PROUST, M. *Em busca do tempo perdido*. São Paulo: Globo, 1981.

SCHRÖDINGER, E. *O que é vida?* São Paulo: Fundação UNESP/Cambridge, 1997.

VIEIRA, T. Édipo. Rei de Sófocles. São Paulo: Perspectiva, 2009.

WELLES, O. *The magnificent Amberson´s*. Los Angeles: Mercury Productions, 1942. vídeo.

ZWEIG, S. O mundo que eu vi. In: *Obras completas*. Rio de Janeiro: Delta, 1960. v. 9.

Impresso por :

gráfica e editora

Tel.:11 2769-9056